Monde Merveilleux des Poneys

Monde Merveilleux des

Poneys

A. Sayer

Editions Princesse

PRODUCTION AGENCE INTERNATIONALE D'ÉDITION JEAN F. GONTHIER
8, avenue Villardin, 1009 Pully (Suisse)

Dépôt légal: 1er trimestre 1978 — Numéro de l'éditeur 134
ISBN 2-85961-026-X
Printed in Spain by Mateu Cromo, S. A. Pinto (Madrid)

Table

Introduction : L'évolution et l'histoire des poneys

Le Przewalski, dont l'espèce est préservée dans les zoos et les parcs nationaux du monde entier, se reconnaît à sa tête assez rude et mouchetée, à sa crinière dressée et rayée de noir et à sa queue clairsemée. Sa robe louvette comporte une bande dorsale noire très caractéristique ; les jambes sont souvent zébrées.

Page en regard :
Ces petits poneys paissent dans les roseaux du lac Awasa, en Ethiopie, comme le faisaient leurs aïeux voici des siècles...

Pages suivantes :
Un troupeau de chevaux mongoliens contemporains, traversant la steppe en quête d'une nouvelle pâture : ils mettent leurs pieds dans les pas des anciens troupeaux, qui vivaient là juste après la dernière période glaciaire et leur ressemblaient en tout point.

Il y a quelque cinquante millions d'années, à l'ère géologique qu'on a nommée éocène, la terre était étrange et inhospitalière et seules les espèces les plus vigoureuses et les mieux adaptables étaient à même de survivre. Bien qu'il existât près des pôles de grands glaciers et des calottes glaciaires, une grande partie de la planète jouissait d'un climat tropical et des arbres aux tiges et aux feuilles succulentes poussaient dans les terrains marécageux. A l'ombre de ces essences fleurissaient quantité de plantes et d'arbustes qui constituaient pour de petits mammifères une nourriture idéale et un excellent abri. C'est à cette époque qu'apparut l'*Eochippus* : il avait la taille d'un petit chien, il était svelte et nerveux, et ses longues et minces jambes se terminaient par des pieds évasés. Doté de quatre longs orteils à ses pieds de devant et de trois doigts analogues à ceux de derrière, l'*Eohippus* pouvait courir rapidement sur le sol marécageux qui couvrait alors la plupart des terres émergées et se nourrir des herbages luxuriants que ce sol produisait. Au fur et à mesure que les conditions de vie évoluèrent, cependant, l'*Eohippus* s'adapta et se transforma, au gré de stades subtilement différents les uns des autres. Son nom latin signifie « cheval de l'aube », car c'est lui qui est l'ancêtre de tous les chevaux et les poneys qui existent actuellement.

Un des descendants directs de l'*Eohippus*, le *Miohippus*, vécut au miocène, environ vingt millions d'années plus tard. Plus grand et plus musclé, il n'avait que trois orteils aux pieds antérieurs. Son encolure était plus longue, ce qui lui permettait d'atteindre les plantes nouvelles croissant à vive allure sur le plateau où il vivait. Vingt millions d'années s'écoulèrent encore avant l'apparition du *Merychippus*, toujours doté de trois orteils à chaque pied, mais dont seul celui du centre, plus long et plus large, touchait le sol quand il galopait. Toutefois, dans les marais, les deux autres doigts entraient en jeu et empêchaient l'animal de s'embourber. Le *Merychippus* était grand comme un gros chien ; son crâne avait la forme de celui des poneys actuels. Ses dents étaient fort différentes de celles de ses ancêtres, mieux adaptées au broyage qu'au mâchement : il paissait plutôt qu'il ne broutait et était fait pour vivre dans les grandes plaines herbeuses. Au fur et à mesure que les forêts régressèrent et que les prairies augmentèrent, le nombre des troupeaux de *Merychippus* s'accrut.

Quinze millions d'années plus tard, le *Pliohippus*, haut d'environ dix paumes (1 mètre) et d'une extrême vélocité, galopait dans les plaines du pliocène. Seule une petite étape de l'évolution le séparait encore du premier véritable cheval, l'*Equus*, lequel avait de vrais sabots au lieu d'orteils racornis et était parfaitement adapté à l'existence en troupeaux dans la plaine. L'*Equus* avait perdu ses orteils excédentaires ; il mesurait environ douze paumes (1,20 mètre) et était solidement bâti. On peut facilement se rendre compte de son allure générale, car il existe encore actuellement de petits chevaux presque identiques : les Mongols sauvages, ou chevaux Poliakoff *(Equus Przewalski Przewalski)*, dont le nom savant provient d'un explorateur russe, le colonel Przewalski, qui découvrit en 1881 un troupeau de chevaux sauvages en Mongolie, dans le district de Kobdo. Cette découverte fit grand bruit, car on s'aperçut que ces animaux étaient demeurés virtuellement inchangés

Contrairement au Mongolien sauvage d'autrefois, ces poneys ont la queue et la crinière qui flottent. Leur attitude placide au moment d'être montés prouve qu'ils sont dociles et bien dressés.

Page en regard :
Malgré les croisements, tentés pour renforcer la race, cette jument atteste par ses zébrures qu'elle descend du Przewalski.

dans leur conformation et leur apparence depuis la dernière époque glaciaire. Plus tard, en 1902, une expédition se rendit dans le désert de Gobi pour capturer quelques-uns de ces chevaux, mais en raison de la nature du terrain et de la sauvagerie des animaux, on ne put s'emparer d'aucun adulte ; en revanche, on prit quelques poulains qui furent répartis entre plusieurs parcs zoologiques pour s'y reproduire, afin d'éviter la disparition de l'espèce.

Fort heureusement, le Poliakoff s'adapta bien à ce milieu confiné et les pouliches en captivité se montrèrent fécondes : on put ainsi en fixer des troupeaux dans plusieurs pays, où ils sont maintenus dans des parcs nationaux ou des zoos. Dans son pays natal, en revanche, le Mongol est en voie de disparition, car il a été décimé par la chasse. On considère que le Poliakoff est l'ancêtre de la plupart des chevaux et des poneys : c'est en tout cas un « véritable » cheval, doté des étranges excroissances cornées, à l'intérieur de chaque jambe, qu'on nomme « châtaignes ». Le Poliakoff a entre douze et quatorze paumes de hauteur (1,20 à 1,40 mètre) ; il est de teinte louvette, en plusieurs nuances différentes allant du crème pâle au rougeâtre en passant par le jaune. Sa tête est grosse et rude, son corps trapu avec un large poitrail ; les extrémités sont sombres et la bouche couleur d'avoine. La queue est peu abondante et faite de poils hirsutes ; la crinière forme une crête dressée le long de la nuque. Parfois, on peut observer des zébrures sur les jambes et sur l'arrière-train, tandis que l'épine dorsale présente une seule rayure noire, très caractéristique.

Cette même rayure dorsale constitue la caractéristique du Tarpan, au sujet duquel se sont élevées maintes controverses. Cette espèce sauvage prospérait dans l'Est de l'Europe et dans le Sud de la Russie voici environ deux cents ans ; puis le bruit se répandit que le dernier spécimen à l'état sauvage avait été tué par un chasseur et, peu après, que le dernier Tarpan en captivité était mort. Officiellement, cette race avait donc disparu, mais un éminent zoologiste allemand décida de rassembler un troupeau de poneys considérés comme descendants directs du Tarpan de la steppe et de les faire se reproduire en surveillant soigneusement les conditions de cet élevage. Au bout de trente ans, il avait ainsi réussi à recréer un troupeau de Tarpans identiques à ceux qui couraient dans les steppes russes. Que le Tarpan contemporain est identique à l'animal d'origine, on a pu le vérifier par un examen aux rayons X, qui a montré que le squelette des chevaux actuels ressemble point par point à celui des spécimens du XVIIIe siècle qu'on a conservés. Le Tarpan actuel a environ 1,20 mètre de hauteur ; il est couleur souris, sa queue est épaisse et noire, ses jambes noires également, et sa crinière hérissée est d'une teinte exceptionnellement claire, avec une raie noire au milieu. Quand ils vivent à l'état sauvage dans des régions froides, les troupeaux de Tarpans prennent souvent une couleur claire et ils peuvent devenir presque blancs en hiver, comme du reste beaucoup d'autres animaux sauvages sous des climats très rudes. Nous verrons que le Tarpan est apparenté de très près à beaucoup des poneys qu'on monte à l'heure actuelle, et de plus loin à la plupart des autres.

On désigne sous le nom de *poney* n'importe quelle espèce de petit cheval, mais ce terme s'applique plus particulièrement aux animaux qui mesurent moins de quinze paumes (1,50 mètre) de haut, la taille des chevaux étant mesurée en partant du sol, derrière les antérieurs, en remontant jusqu'au sommet de l'arête osseuse appelée garrot et située à l'endroit où l'encolure rejoint le corps. Contrairement à ce qu'on imagine parfois, un poney n'est pas un « jeune cheval » : les poneys se reproduisent aussi bien que les autres chevaux et le petit poney mâle est désigné sous le nom de poulain, la jeune femelle sous le nom de pouliche, comme dans le cas des produits d'autres chevaux. Le poney mâle adulte est un étalon, la femelle adulte une jument.

Tous les poneys sont bâtis fondamentalement de la même manière, bien que certains soient faits de toute évidence pour le trait et le travail lourd, d'autres, plus élégants, pour l'équitation. Ils ont le corps bien proportionné, l'arrière-train et les épaules puissants et l'encolure longue et forte. La longue tête comporte une mâchoire spécialement modifiée et deux séries de dents. Celles de devant servent à arracher feuilles et herbes, lesquelles passent ensuite aux molaires situées plus en arrière, qui les broient pour les rendre plus digestes avant que l'animal ne les avale. Les dents de devant subissent un renouvellement régulier durant les premières années de l'existence du poney, ce qui permet à l'expert de déterminer l'âge de l'animal par simple examen de sa dentition.

Le poney est doté d'oreilles petites et mobiles, qu'il tient le plus souvent en position d'alerte, c'est-à-dire relevées en pointe. La mobilité de ses oreilles permet au poney de déceler des bruits très légers et inhabituels qui peuvent signaler un danger. Les oreilles servent aussi de baromètre de l'humeur du poney : lorsqu'il les tient nettement en arrière, c'est qu'il se sent mal et est prêt à mordre, et lorsqu'elles sont serrées en arrière et tout à fait à plat, l'intention de mordre est certaine. Comme chez la plupart des herbivores, les yeux sont très grands et placés de part et d'autre de la tête, ce qui confère à l'animal une vision presque circulaire. Les narines sont très souples et capables de saisir la moindre odeur d'un ennemi, ainsi que d'absorber un supplément d'air

lorsque le cheval galope. Les jambes du poney sont longues, ce qui lui donne de la vélocité, et assez solides pour qu'il puisse transporter de lourdes charges. Les sabots sont faits d'une corne épaisse, imperméable aux sensations, qui se régénère sans cesse. La construction du pied, avec sa large sole et sa fourchette élastique (on appelle fourchette la masse triangulaire située au centre de la sole) assure au poney une grande sûreté d'allure même dans des terrains difficiles ou glissants.

On pense que les poneys, voici plusieurs siècles, ont émigré de leur patrie, l'Asie, et se sont alors répartis en trois lignées principales : les uns se sont déplacés lentement vers l'ouest (Europe), les autres vers l'est (Chine et Mongolie) et un troisième groupe est parti vers le sud (Inde, Perse et Egypte). De petits troupeaux de chacun des groupes se sont fixés le long de chacun des itinéraires. Dans leurs nouveaux habitats, les poneys se sont diversifiés et se sont développés par sélection naturelle, en fonction des divers milieux dans lesquels ils s'étaient fixés. Les zones septentrionales, plus froides, ont produit des races de poneys capables de se protéger en hiver grâce à une toison plus épaisse ; dans les régions plus chaudes ont évolué des animaux à la peau et au pelage plus fins. Dans les régions tropicales, ce sont des types très petits qui se sont développés, dotés souvent d'une conformation assez faible, mais d'une endurance surprenante. Par la suite, l'homme est intervenu dans le processus naturel et a procédé à des croisements pour obtenir des produits destinés à des utilisations spéciales. Ainsi se sont créées de nouvelles races, à l'intérieur desquelles on a ensuite provoqué des accouplements consanguins pour fixer les caractéristiques qu'on souhaitait voir se perpétuer en vue d'un certain travail dans une région particulière. C'est ainsi qu'au cours de longues générations, chaque pays a fini par développer ses propres races de poneys.

Il est plus que probable qu'à l'origine, l'homme n'a chassé le poney que pour s'en nourrir. Au début de ce siècle, on a trouvé en France, dans

La race du Tarpan a été reconstituée, en tout point identique à l'ancien Tarpan qui avait été massacré jusqu'à extinction au XVIIIe siècle.

Page en regard, en haut :
Les poneys ont peu évolué au cours des siècles, mais crinières et queues se sont épaissies et les robes se sont diversifiées.

Page en regard, en bas :
Le comportement des chevaux a très peu varié au cours des générations : ce poulain de la Caspienne renifle les odeurs dans le vent en adoptant exactement le même port de tête que ses ancêtres...

des grottes préhistoriques, des tas d'os chevalins qui avaient été fendus pour en extraire la moelle. Dans d'autres grottes, des fresques à l'ocre et à la terre de Sienne représentent des chevaux qui ressemblent beaucoup au Tarpan chassés à coups d'épieu par des petits personnages humains. On peut supposer que, plus tard, les poneys ont été chassés et domestiqués pour servir de bêtes de somme. Au fur et à mesure que l'agriculture s'est développée, ces chevaux maniables mais robustes se sont avérés inestimables pour labourer le sol; plus tard encore, après l'invention du collier et le perfectionnement du harnais, ils ont pu tirer de lourdes charges.

Les premiers chevaux de combat ont été de petits poneys qui traînaient des chariots légers pendant les batailles; ces chariots furent perfectionnés lorsque des races plus puissantes de poneys furent produites, puis ces véhicules devinrent de véritables machines de guerre, équipées de lames, comme le chariot de Boadicée. C'est seulement après cela que l'homme s'enhardit jusqu'à monter sur le dos d'un cheval, il y a environ trois mille ans de cela; depuis cette époque, l'histoire du cheval se confond avec celle de l'homme. Aucune autre espèce animale n'a joué un tel rôle dans l'histoire de la culture humaine; aucune autre espèce animale n'a aidé pareillement l'homme à réaliser ses objectifs et ses ambitions. Et, après avoir passé par une période de déclin due à la croissance rapide de la technologie, chevaux et poneys sont en train de connaître une nouvelle popularité. On les utilise pour l'équitation sous toutes ses formes, pour le plaisir et pour la compétition, pour les attelages comme pour les lourds travaux des champs. Dans certains pays, leur viande fait partie du régime alimentaire de la population (mais dans d'autres contrées, leur chair est tabou).

Ainsi, il y a cent raisons différentes pour avoir un poney; comme compagnon; comme symbole d'un certain niveau social; en vue d'un exercice sportif, qu'il s'agisse de la conduite d'un attelage, de l'équitation, du saut, etc.; pour se livrer à l'élevage; ou, tout simplement, parce qu'on aime ce petit animal, qu'on prend plaisir à le soigner et à observer sa grâce et son charme à l'écurie ou dans l'enclos. Quelle que soit la raison qui vous incite à avoir un poney, il existe des poneys de tout genre, pour tous les usages, dont les tailles s'adaptent à tous les cavaliers et dont les couleurs peuvent satisfaire n'importe quel goût.

Les races qui croissent en milieu très isolé, comme par exemple ces poneys de l'île de Rhum, développent des caractéristiques distinctes : les poneys de Rhum sont lourdement bâtis, avec queue et crinière flottantes et des fanons aux boulets.

Robes et motifs

On trouve des poneys d'à peu près toutes les couleurs et pour tous les goûts. Il existe quantité de superstitions au sujet des robes et des dessins dont elles sont ornées: mais aucune de ces superstitions ne s'est jamais confirmée, excepté le dicton qui affirme que « bon cheval n'a jamais laide couleur ».

Chez les poneys, l'ordre de dominance des couleurs est le suivant: gris, bai, brun, moreau (noir) et alezan. Autrement dit, la robe grise constitue, génétiquement, un caractère dominant par rapport aux autres, ce qui explique pourquoi tant de races de poneys sont devenus plus ou moins gris après qu'on a introduit des étalons gris dans les croisements.

Les poneys à robe *grise* ont quantité de nuances, allant du presque blanc au gris acier foncé. Beaucoup sont pommelés, ce qui les fait ressembler aux anciens chevaux à bascule ; d'autres sont mouchetés, c'est-à-dire que des touffes de poils noirs forment sur leur robe presque blanche de petites taches. Souvent, un poney gris est né presque noir et s'éclaircit avec l'âge. Des poneys gris très âgés peuvent devenir carrément blancs. Crinières et queues de ces poneys sont composées d'un mélange de poils noirs et blancs dans des proportions variables, ce qui fait qu'elles peuvent également paraître presque noires ou presque blanches. Le poney d'un blanc pur est une exception ; c'est en général un albinos, aux yeux très clairs et à la peau sans pigment. Les poneys gris sont très populaires ; s'ils sont bien pansés, ils peuvent être très séduisants, d'autant plus que leurs yeux sont souvent très grands et très sombres.

Le poney *bai* peut varier de la couleur de l'acajou poli à un ton de brun beaucoup plus pâle mais assez riche ; il est soit d'une couleur unie, soit doté d'extrémités noires ; c'est-à-dire qu'en ce cas, non seulement le bas des jambes, mais aussi la crinière et la queue sont noirs. La couleur baie est très admirée chez les équins ; elle est considérée comme très élégante pour

Les poneys à robe presque blanche sont dénommés « gris » s'ils ne sont pas albinos. On aime beaucoup cette couleur, surtout quand l'animal a, comme cette jument, de grands yeux expressifs.

La teinte d'acajou poli qu'on nomme « baie » passe pour l'une des plus belles couleurs pour un poney. Cette placide jument baie a produit un extraordinaire poulain blanc à taches brunes.

Ci-contre :
Ce magnifique étalon est un véritable alezan. L'alezan peut varier de l'or pâle à la teinte « foie » très foncée ; de nombreux poneys de cette couleur ont des taches blanches sur la tête et les jambes.

les poneys d'exposition et d'attelage, à moins, toutefois, que le pedigree de l'animal n'interdise l'apparition de cette teinte.

Le *brun* varie du bai au noir ; tout comme le bai, le poney brun a souvent des extrémités noires et, pour reconnaître un poney brun foncé d'un poney noir, il est souvent nécessaire d'examiner les fins poils noirs près de la bouche.

Le poney *moreau*, c'est-à-dire d'un noir pur, est une rareté : certains poneys de race Fell (ou autres races similaires) sont néanmoins tout à fait noirs ; leur robe dense et brillante exige beaucoup de soins, pour prendre l'aspect du satin et refléter la lumière, en particulier lors des concours.

L'*alezan* est une teinte très variable, qui va d'un rouge-brun très pâle au châtain foncé (couleur « foie ») en passant par toutes les nuances de l'or. Il est rare que les poneys soient complètement alezans : la plupart d'entre

Le palomino est d'un bel or vif en été mais il devient isabelle en hiver. Les poulains naissent de couleur crème et ne prennent leur vraie teinte que quelques mois plus tard.

eux ont des marques blanches sur la tête et sur la partie inférieure des jambes, taches qui font ressortir l'éclat de leur robe. Beaucoup d'alezans ont la queue et la crinière noires ; chez d'autres, tel le Haflinger, elles sont blanches ou tachetées. Les alezans ont la réputation d'être assez fougueux et têtus, mais ce sont des animaux séduisants.

Le *louvet* est la couleur du poney préhistorique, qui, à l'époque, se confondait sans doute ainsi avec le décor des plaines poussiéreuses dans lesquelles il évoluait. Actuellement, certaines races de poneys ont encore cette teinte, souvent assortie d'extrémités noires et d'une ligne dorsale noire également. La couleur louvette est fort variable : il existe des poneys gris souris presque mauves, des louvets bleuâtres plus foncés et des louvets qui semblent d'un noir délavé. Il y en a aussi qui sont louvet doré, couleur de sable chaud. On considère que les poneys de teinte louvette sont fiables, que ce sont des travailleurs fidèles et endurants.

Les poneys *isabelle* sont rares ; ils sont de couleur crème, avec queue et crinière argentées. Il en existe deux types, selon que la teinte isabelle est dominante ou récessive ; c'est seulement après que l'animal s'est reproduit qu'on peut en général juger auquel des deux types il appartient. Parmi les poneys isabelle, il faut faire une place particulière au Palomino, qui est crème en hiver mais or pur en été : sa queue et sa crinière sont d'un blanc pur, et elles doivent flotter librement au vent, sans être ni peignées ni tressées.

Le *rouan* est un poney aux teintes mêlées, qu'on désigne différemment selon les composants du mélange : le rouan fraise comporte une combinaison de poils roux, jaunes et blancs ; le

Page en regard :
Une robe blanche tachetée de rouge et de jaune caractérise un « rouan fraise ». Celui qu'on voit ici, en compagnie d'un poney gris, s'est bien développé grâce à la qualité de l'herbe estivale qu'il a broutée.

On qualifie de « pommelés » les poneys qui ont des grandes taches brunes, baies ou châtain sur fond blanc. Ce sont les favoris des Indiens d'Amérique du Nord et des artistes de cirque.

rouan bleu mêle les poils noirs, jaunes et blancs ; le rouan châtain est un alliage d'alezan, de jaune et de blanc. Le *saure* ressemble beaucoup au rouan, mais sa robe ne comporte que des poils roux et noirs.

On trouve encore des poneys *pie, pommelés* et *zain* (c'est-à-dire à taches noires, brunes ou blanches) : ce sont les poneys favoris des gitans, ils avaient la préférence des Indiens d'Amérique du Nord au siècle dernier et ce sont encore les chevaux qu'on voit le plus souvent dans les cirques. Le pie est en général blanc avec des taches noires irrégulières, le pommelé est blanc avec des taches de teinte baie, brune ou alezane, et le zain a des taches de deux nuances ou même davantage sur fond blanc, avec des marques très frappantes.

Les poneys tachetés sont rares ; leurs marques peuvent avoir des formes très diverses : les poneys « léopardés » ont de petites taches de couleur variable, bien définies, sur fond blanc ou clair ; les poneys tigrés ont des zébrures plus longues et régulièrement réparties sur une robe claire ; d'autres poneys ont des taches blanches sur fond sombre (« flocons de neige »). Ces particularités sont séculaires ; dans l'ancienne Chine, on avait baptisé les poneys tachetés « chevaux du ciel » et ils étaient considérés comme des animaux sacrés. On en voit diverses représentations dans l'art chinois de la dynastie T'ang (618-907 après J.-C.) ; ils apparaissent aussi sur les fresques grecques et égyptiennes, ainsi que dans les grottes préhistoriques françaises et les tombes étrusques d'Italie. De nos jours, les poneys tachetés les plus connus sont les *Appaloosa* (qui proviennent de la région des prairies de l'Idaho, où ils ont été élevés jadis par la tribu indienne des Nez-Percés) et les *Knabstrupper* du Danemark. Les poneys tachetés peuvent être de tailles diverses, mais en général, leurs queues et leurs crinières ne sont pas très drues. Ils ont souvent les sabots rayés et des cercles blancs autour des yeux.

Les poneys peuvent avoir des marques de formes diverses sur la tête, sur le corps ou sur les jambes ; ces marques sont spécifiées lors des annonces de vente ou sur les certificats des vétérinaires. Les poils blancs, par exemple, forment aux extrémités des *balzanes* (parfois appelées familièrement « chaussettes ») ; sur la tête, ils forment des *étoiles*, des *pelotes*, des *croissants*. On appelle ces marques des *listes* si elles se prolongent jusque sur le chanfrein, et le poney est dit « buveur » lorsqu'il a les lèvres tachées de blanc. Les taches blanches qui se trouvent aux endroits dépourvus de poils (lèvres, narines) sont dites « trophées ».

Les balzanes sont souvent spécifiées de façons diverses : on parle par exemple de « fanon blanc » lorsque le sabot lui-même est très clair et que la couleur blanche s'étend jusqu'au boulet. Ces particularités ont donné lieu à quantité de superstitions et de dictons anciens ; un charmant petit quatrain, d'origine anglaise, dit par exemple ce qui suit :

Quatre pieds blancs : vends la bête au plus vite ;
Trois pieds blancs : défais-t'en tout de suite ;
Deux pieds blancs : fais-en don à ton voisin ;
Un pied blanc : garde-la jusqu'à la fin !

Si démodée et si peu scientifique que soit cette chanson, bien des éleveurs s'y tiennent encore et préfèrent nettement les poneys qui n'ont qu'une ou deux balzanes à ceux qui en ont davantage, considérés comme peu fiables.

Quoi qu'il en soit, les pedigrees sont très pointilleux quant aux normes exigées pour les extrémités, lesquelles diffèrent d'une espèce à l'autre. Les mêmes pedigrees spécifient naturellement le minimum et le maximum admis pour la taille du poney, les couleurs possibles et celles qui ne le sont pas, les motifs des robes, etc. Il va de soi qu'un poney doté d'un pedigree a plus de valeur marchande, mais le produit de nombreux croisements peut être tout aussi agréable à monter et à élever. Ces poneys sans pedigree peuvent avoir n'importe quelle conformation et être de n'importe quelle taille et de n'importe quelle couleur.

Certains poneys, produits spécialement en vue des concours, ont toutes les caractéristiques du cheval pur sang, dont ils sont une sorte de version réduite. Mais, comme nous l'avons déjà dit, il existe un poney pour chaque usage et un usage pour chaque poney.

Si l'on en croit la chanson citée dans le texte, ce poulain devrait être « vendu au plus vite » à cause de ses quatre pieds blancs, mais sa jolie silhouette et son beau maintien, malgré son âge tendre, démentent la superstition dont le quatrain se fait l'écho. La tache blanche qu'il a sur la tête est caractéristique.

Page en regard, en haut :
Les chevaux tachetés, connus depuis des siècles, restent rares. On voit ici, à côté d'une jument Appaloosa, deux hongres aux taches très caractéristiques.

Page en regard, en bas :
Les gitans aiment les chevaux qui portent des marques aux formes étranges et ils les paient même très cher. Ce poulain « léopardé » est précautionneusement tenu en longe à l'arrière de la caravane.

Les diverses races de poneys dans le monde

Au fur et à mesure que, dans l'histoire de l'humanité, les îles se sont peuplées, les colons qui s'y installaient ont amené avec eux un stock d'animaux domestiques qui, très souvent, comprenait des poneys : en raison de leur taille réduite, ces animaux étaient faciles à transporter ; une fois installés dans l'île en question, ils pouvaient aider à amener le matériel et l'équipement du port au village, puis à labourer les terres cultivables après avoir participé à leur défrichement. Avec le temps, ces poneys se sont multipliés et, en raison des croisements consanguins dus à la situation isolée de l'île, leur taille, leur forme et leur couleur se sont uniformisées. Après quelques générations, des traits aussi particuliers que le caractère, la capacité de trait et la robustesse se sont également normalisés. C'est pour cette raison que, davantage que les pays continentaux, la plupart des îles sont à juste titre fières de leurs races de poneys et prennent grand soin d'en maintenir la pureté en évitant tout croisement entre leurs animaux et ceux d'autres régions.

En 1493, Christophe Colomb débarqua à Haïti, qu'on appelait alors Hispaniola ; il y amenait trente petits chevaux, qui avaient dû endurer le voyage depuis Cadix, enchaînés sur le pont supérieur, en plein air sous la pluie, le vent et la tempête, sans aucun exercice. Il est possible que l'actuel poney de *Haïti* soit un descendant direct de ce petit cheval importé d'Espagne. Il est fort, courageux, robuste ; il mesure environ 1,40 mètre de hauteur. Il peut avoir n'importe quelle robe, mais ce sont les bruns et

Bien que d'allure fine et élégante, ce poney de l'Ile de Sable est capable de supporter le climat très rigoureux de son île natale.

Les poneys d'Asie sont petits, secs et rudes, le plus souvent montés sans mors, mais guidés par une muserolle de cuir ou de bois, avec une rêne unique.

Pages suivantes :
Ce poney gris se laisse conduire, grâce à un ingénieux harnachement, à travers une vallée enchanteresse, près de Rabat au Maroc.

les moreaux qui sont les plus courants. On utilise les poneys haïtiens pour le transport des touristes, au cours d'un trajet fort difficile, dans le nord de l'île, qui dure quatre heures et, par des sentiers rocheux, amène les visiteurs jusqu'au palais de Sans-Souci et à la citadelle du roi Henri Christophe.

Non loin de la côte de la Virginie, aux Etats-Unis, se trouvent deux petites îles dont chacune abrite une espèce de poneys différente. L'île d'*Assateague* est inhabitée, mais on vient y chercher chaque année le troupeau de poneys à demi sauvages qui y vit pour leur faire traverser à la nage le détroit qui sépare cette île de sa voisine, *Chincoteague*. Là, les troupeaux en provenance des deux îles sont parqués séparément, puis les jeunes de chaque espèce sont vendus aux enchères avant que les étalons et les juments poulinières soient ramenés à leur île d'origine. A environ 1600 kilomètres au nord-est se trouve l'île du Sable, également déserte, au large de la Nouvelle-Ecosse canadienne. De petits troupeaux de courageux poneys y subsistent maigrement en broutant une herbe clairsemée qui pousse dans le sable. Ces animaux descendent des poneys de la Nouvelle-Angleterre qui y furent amenés au XVIIIe siècle lors de la colonisation de cette partie du Canada. Bien que l'île du *Sable* soit inhospitalière à l'extrême, sans arbre ni abri d'aucune sorte, avec des hivers très rigoureux, le poney qui y vit est d'allure élégante, bien bâti, haut de 1,40 mètre, souvent de teinte alezane sombre.

Des 3000 îles qui composent l'Indonésie, beaucoup dépendent entièrement des poneys pour toutes les formes de transport, de sport et de loisirs. Nombre d'îles indonésiennes

Ce bai fougueux, qui a sans doute du sang oriental, porte une bride de cuir épais et une chaîne, mais on lui a retiré son mors pour qu'il puisse brouter l'herbe des montagnes turques.

sont dépourvues de routes et pauvres en pâturages, de sorte que les poneys doivent y être sobres, robustes, infatigables et d'une grande souplesse. La race la plus élégante et la plus belle du pays est le *Santal*, ainsi nommé par analogie avec le bois du même nom, les deux principaux produits exportés par l'île de Sumba étant le bois rare et la race de poneys en question. Le Santal (poney) mesure 1,30 mètre ; par sa tête, il évoque le cheval arabe ; il a des jointures nettes et sèches, et sa robe est fine et soyeuse, contrairement à celle des autres espèces indonésiennes. Les meilleurs spécimens de cette race participent à des courses de 5000 mètres ; ils sont montés sans selle ni mors, mais avec une bride de cuir tressé et une muserolle dure identique à celles qu'on utilisait en Asie centrale il y a 4000 ans. Le Santal est intelligent et robuste ; il ne transpire que rarement, même après une course.

Le poney qui porte le nom de l'île de Sumba est également élevé dans celle-ci, mais surtout dans l'île voisine de Sumbawa. Le *Sumba* est d'un type qui rappelle les poneys primitifs, en général de teinte louvette avec des extrémités et une bande dorsale noires. Intelligent et têtu, le Sumba est capable d'apprendre à danser : son propriétaire fixe des clochettes aux jambes antérieures de l'animal et les danses des poneys donnent lieu à des concours, au cours desquels on les guide au moyen de longes assez longues : en général, un enfant monte le poney à cru et celui-ci danse au rythme d'un tambourin. Les poneys de Sumbawa sont très dociles ; comme les Santal, on les bride sans mors et ils participent à des tournois montés au cours desquels les adversaires se lancent des javelots tout en galopant.

Le poney de *Timor* est petit (1,20 mètre en général) mais très robuste et très agile ; il peut transporter sans aucune difficulté un adulte, même sur des terrains très rudes et accidentés. Le poney de *Java* est un peu plus grand et plus fort, et bien que sa conformation ne soit pas excellente, c'est un appréciable animal de trait qu'on utilise pour traîner les « sados », chariots à deux roues chargés de marchandises et de gens. A Sumatra, on trouve le *Batak*, dont la jument est fécondée par des étalons arabes pour améliorer la race : en effet le gouvernement indonésien exerce un contrôle sur la reproduction et la vente des poneys Batak, qu'il envoie dans les autres îles de l'archipel pour renforcer la composition des troupeaux. Quant au poney de *Bali*, il mesure environ 1,30 mètre et ressemble beaucoup au Poliakoff : il est louvet avec une bande dorsale noire et, souvent, une crinière hérissée. On l'utilise pour l'équitation,

Ce petit poney trapu sert en Islande d'animal de trait. Très intelligent, cet animal s'oriente comme un pigeon voyageur et sa robe épaisse le protège des frimas.

mais aussi comme bête de somme : c'est lui qui transporte les lourdes corbeilles de pierres destinées à la construction des maisons et au pavement des routes.

Les poneys d'*Islande* y sont arrivés à partir du IXe siècle avec les colons norvégiens ; plus tard, les troupeaux ont été enrichis d'animaux importés d'Irlande. Les premiers colons se livraient, par jeu, des combats montés : aussi avaient-ils besoin d'animaux forts et courageux. Jusqu'à la conversion des Islandais au christianisme, au Xe siècle, ils consommaient également la chair de leurs poneys. A l'heure actuelle, il existe en Islande deux espèces de poneys : l'une utilisée comme cheval de trait, l'autre pour l'équitation. Les premiers sont petits et trapus, très courageux ; les autres sont plus légers et dotés d'une ossature plus fine. Les uns et les autres sont intelligents et présentent un étrange instinct domestique qui les fait toujours revenir au logis comme des pigeons voyageurs : cet instinct existe chez tous les chevaux mais il est particulièrement prononcé dans la race islandaise. Les poneys islandais qu'on monte vont l'amble (*tølt* dans la langue du pays) ; c'est un trot confortable pour le cavalier et il économise les forces de l'animal sur terrain accidenté. Le cavalier islandais agit surtout sur son poney à l'aide de la voix. L'indépendance d'esprit de ces petits animaux ne les empêche pas d'être très affectueux.

A 400 kilomètres au sud-est de l'Islande se trouvent les îles Féroé, où l'on rencontre des poneys d'un type et d'une conformation très sembla-

Le Dartmoor, originaire des montagnes du Sud-Est de l'Angleterre, est hardi et bien protégé par sa robe épaisse. La race, très normalisée, est souvent gardée dans des enclos privés.

Page en regard :
L'Exmoor se distingue par sa riche couleur et les marques pâles qu'il a autour des yeux et près des lèvres. C'est un poney très fiable, qui convient comme monture aux petits enfants.

bles à ceux de l'Islande : ils sont visiblement de même origine. Mais le poney de *Féroé* est le plus souvent brun foncé ou alezan, plus rarement noir, alors que l'Islandais est presque toujours gris, parfois louvet et très rarement brun ou alezan.

Les îles Britanniques sont riches en races de poneys. On en trouve deux en Ecosse, les *Highland* et les *Shetland* ; cinq en Angleterre, les *Exmoor*, les *Dartmoor*, les *Dales*, les *Fell* et les *New Forest* ; le pays de Galles élève le fameux poney des montagnes *(Mountain Pony)* et l'Irlande s'enorgueillit du *Connemara*. Le climat et la géologie du Royaume-Uni se prêtent idéalement à l'élevage des poneys, auxquels on recourt pour tous les usages et qu'on exporte dans tous les pays du monde.

L'*Exmoor* est peut-être le plus ancien des poneys britanniques et il vit depuis des siècles dans la région dont il porte le nom. On pense qu'il descend directement du cheval sauvage de Grande-Bretagne : c'est donc une race indigène (bien que les tout premiers chevaux de la grande île soient peut-être venus d'Europe à l'époque lointaine où l'Angleterre était rattachée au continent par un isthme). Elégamment bâti, mesurant environ 1,25 mètre de haut, l'Exmoor est caractéristique par son nez « moucheté », sa teinte foncée et sa robustesse qui lui permet, malgré sa petite taille, de transporter un homme pendant des heures dans des terrains marécageux. Ce sont des montures idéales pour les enfants, car ces poneys sont à la fois menus et sûrs, et ils supportent bien le harnais.

La région de Dartmoor, à l'extrême Sud-Ouest de l'Angleterre, est sinistre et hostile, mais ses pentes rocheuses et ses ravins hébergent une autre race de poneys fort endurants. Contrairement à l'Exmoor, qui est demeuré virtuellement sans mélange au cours des siècles, le *Dartmoor* a été croisé avec diverses autres races : des étalons de pur-sang, d'Arabe, de Hackney et d'autres espèces indigènes ont fréquenté la région de temps en temps et infusé leur sang à ces poneys. Plus récemment, les éleveurs ont très strictement contrôlé la reproduction du Dartmoor, dont la race a été normalisée. Le Dartmoor authentique doit être bai, noir ou brun, avec une petite tête, des oreilles petites et alertes, des épaules et un dos solides. Il doit tenir la queue

haute ; ses pieds doivent être durs et d'un joli galbe. On laisse les animaux se reproduire librement dans la lande, mais le premier choix est soigneusement mis à l'abri dans des enclos, d'où on l'emmène chaque année à Exeter où a lieu la vente annuelle.

Dans la « nouvelle forêt » *(New Forest)* d'Angleterre méridionale, plus de trois mille poneys paissent en liberté. Bien qu'ils puissent circuler sans aucune frontière sur ces 17 800 hectares, on a découvert que les animaux de cet énorme troupeau avaient des territoires bien distincts dont ils ne sortaient guère. Quoique libres, les poneys de *New Forest* sont marqués et on les rassemble chaque automne pour sélectionner les jeunes animaux, les identifier par rapport aux anciens, et en vendre certains en qualité de petits chevaux d'équitation (ce à quoi leur tempérament les dispose idéalement). Assez grand (jusqu'à 1,40 mètre de haut), le New Forest peut être de n'importe quelle couleur. Solide et affectueux, précautionneux quand il emprunte des chemins difficiles, c'est une monture familiale rêvée.

Dans le nord de l'Angleterre vivent deux races de poneys grands et lourds, de même origine, mais qui se sont développés de deux côtés de la chaîne des Pennines. A l'est de cette chaîne on trouve le beau poney de *Dales*, à l'ouest le poney de *Fell*. Le Dales a jusqu'à 1,45 mètre de hauteur et il est le plus souvent noir, bai ou brun foncé. Il est exceptionnellement robuste ; sa tête est très caractéristique d'un poney, avec l'encolure courte et forte, les épaules rectilignes et le dos très musclé. Il porte la queue plutôt basse ; ses boulets portent les touffes de poils fins qu'on appelle « fanons ». Remarquables pour l'équitation, ces poneys peuvent transporter les adultes les plus pesants ; ce sont également d'excellents chevaux d'attelages, de précieux auxiliaires agricoles et ils sont d'un entretien extrêmement économique. Le Dales a d'excellentes performances à toutes les allures : certains spécimens de cette race ont été champions de trot.

On a avancé l'hypothèse que les Romains avaient importé en Grande-Bretagne quelques lourds chevaux frisons, car ils trouvaient la race locale trop petite pour transporter les lourdes pierres qu'ils utilisaient pour construire des fortifications. Ce seraient les étalons frisons qui, croisés avec les juments locales, auraient produit les Dales et les Fell. Le Fell est généralement plus petit que son cousin et il est le plus couramment noir (bien qu'on en voie parfois de couleur brune ou baie). Classé plutôt comme bête de somme, le Fell se monte cependant fort bien ; il a le pied très sûr, il est robuste et confortable. La race est soigneusement préservée ; on la reconnaît à son abon-

Le New Forest est un poney assez grand qui peut avoir n'importe quelle teinte ; il a le pied très sûr et c'est une bonne monture familiale.

Page en regard, en haut :
Le Fell appartient à une race de poneys assez lourds, utilisés à l'origine pour le trait et comme bêtes de somme, mais qu'on emploie aussi maintenant comme animal familial, car il est assez doux pour porter un enfant et assez robuste pour être monté par un adulte.

Page en regard, en bas :
Ce ravissant poney des montagnes *(Mountain Pony)* atteste l'influence de ses ancêtres arabes : ossature fine, tête élégante, qu'on retrouve chez le poulain qui broute à ses côtés.

Les poneys gallois, et surtout les célèbres Cobs, constituent le groupe le plus intéressant parmi les poneys britanniques. Il en existe quatre types distincts, chacun ayant ses caractéristiques inscrites au stud-book.

En haut à gauche : Le Gallois des montagnes (section A au stud-book) mesure moins de 1,25 mètre ; il est d'allure classique, tel ce poulain bai qui promet de devenir très beau.

En bas à gauche : Cet étalon gris (section B) ressemble au Gallois de section A, mais mesure 1,35 mètre de haut.

En haut à droite : Voici le Cob authentique (Gallois section D) : c'est un poulain de deux ans qui grandira encore. Les Gallois de section D peuvent atteindre 1,55 mètre de hauteur.

En bas à droite : Un bel étalon noir, robuste et musclé, très représentatif du Gallois section C ou « type Cob ».

dante crinière et à sa queue noires, ainsi qu'aux fanons qui ornent les boulets.

Dans les montagnes du pays de Galles vit un poney dont l'histoire remonte à l'époque de Jules César : le fait est avéré et contrôlé, les Romains ont alors élevé des poneys au bord du lac Bala. Les novices doivent prêter attention au fait que les poneys des montagnes galloises sont enregistrés sous quatre catégories différentes, notées de A à D. Le poney gallois A est le plus petit ; c'est la race originale dont sont issues les autres. Il ne doit jamais mesurer plus de 1,20 mètre, mais il est robuste et audacieux, sa tête est fine et délicate et c'est l'animal idéal pour apprendre aux enfants à monter. C'est en outre souvent un remarquable sauteur. Il est généralement gris, brun ou alezan, mais peut être de n'importe quelle autre couleur sauf pie et pommelé. Le poney gallois B est avant tout une monture, par tempérament ; il mesure jusqu'à 1,35 mètre et est très connu dans le monde entier, car on l'a exporté dans tous les pays du monde. Le poney gallois C (ou *type Cob*) a la même taille que le poney B ; le poney gallois D, le *Cob authentique*, atteint même 1,55 mètre, tout en conservant l'aspect typique du poney.

Le Shetland, ce poney miniature, servait jadis au transport des algues utilisées comme engrais ; aujourd'hui, on l'exporte comme monture pour les enfants et c'est peut-être le poney le plus célèbre du monde. Mais c'est à l'état naturel qu'il se reproduit le mieux, chaque étalon dirigeant un troupeau de juments.

Les poneys de Connemara, affectueux et souples, font d'excellents animaux domestiques, que les amateurs apprécient particulièrement.

Il est facile de comprendre les raisons de cette distinction en quatre types. Dès l'origine, on a apprécié la vigueur de ces poneys des montagnes galloises, avec leur « regard d'aigle » hérité des étalons arabes avec lesquels les Romains les avaient croisés. Puis une norme fut fixée, en vue de maintenir la petite taille (1,20 mètre) qui rendait ces animaux caractéristiques ; à partir de ce moment-là, on élimina de la reproduction les chevaux plus grands, mais souvent ces « laissés-pour-compte » étaient parfaits, ce qui donna l'idée d'en faire une souche à part, et ce fut l'origine des « Cobs », qui ont très bien réussi, en particulier dans les épreuves de saut. Lorsqu'on croise actuellement les types A et D, on obtient un poney pour tous les usages, capable aussi bien de servir de monture que de cheval de trait ; c'est le cheval idéal pour un cavalier inexpérimenté qui veut se promener dans les montagnes du pays de Galles. Le poney de type D, le Cob authentique, est le plus fort de tous ; il peut transporter le cavalier le plus lourd et faire tout ce que fait un cheval de taille normale, sans requérir ni soins spéciaux ni alimentation spéciale. Bon trotteur, le Cob a fière allure quand il est harnaché.

A l'origine, l'Ecosse a produit

deux types de poneys, l'un sur le continent *(Mainland)*, l'autre dans les îles. Bien que ce soit cette dernière race qui soit la plus ancienne et la plus pure, c'est l'autre qui a reçu le nom bien connu de *poney des Highlands*. Le Highland est le plus souple des poneys britanniques ; il jouit depuis peu, à nouveau, d'une grande popularité, très amplement méritée. Le Highland varie en hauteur de 1,30 à 1,45 mètre ; il est fort et bien fait. On l'a longtemps considéré comme animal uniquement utilitaire et il a servi de bête de somme pendant des générations (ce sont des poneys Highland qui transportaient les corps des grands cerfs tués dans les montagnes écossaises, le long de sentiers abrupts et dangereux). Toutefois, le Highland est également une excellente monture familiale ; il est en effet assez robuste pour porter des adultes et assez doux pour servir de monture à des petits enfants. Mais le spécialité du Highland, c'est la chasse : son intelligence le met à même de se tirer des situations les plus délicates. Une des particularités de ce poney réside dans la très grande variété de couleurs dans laquelle on le trouve : outre le gris courant, le brun et le noir, il en existe d'une belle teinte baie ainsi que des alezans couleur « foie », avec crinière et queue argentées. A l'origine, le Highland était souvent louvet, de nuance jaunâtre avec les extrémités noires ; actuellement, cette couleur connaît de nombreuses variantes, allant du gris souris au crème, à l'argent et à l'or. Avec sa crinière et sa queue flottantes, le Highland est un magnifique poney.

Le plus petit de tous les poneys britanniques est, de loin, le célèbre *Shetland*, natif des plus septentrionales des îles Britanniques, Orkney et Shetland. Sa taille réduite (moins d'un mètre de hauteur) lui vient d'une existence séculaire dans des conditions très rudes et dans un milieu très inhospitalier. Lorsque la nourriture est rare et les abris difficiles à trouver, c'est un avantage pour un animal d'être petit : il a besoin de moins d'aliments et sa surface corporelle perd moins de chaleur. Le Shetland, au demeurant, compense sa petitesse par un excès de personnalité : c'est le clown des poneys, ce qui en fait l'animal de cirque par excellence : sous les chapiteaux de tous les pays du monde, ce petit Ecossais exécute mille tours avec grâce et précision. Bien que sa taille ne lui permette de servir de monture qu'à de très petits cavaliers, le Shetland supporte fort bien le harnais et, par rapport à ses dimensions, il figure parmi les races les plus vigoureuses. Les Shetland ont été exportés aux Etats-Unis, où l'on en a fait une race dis-

Page en regard :
Un troupeau de poneys de l'île de Lundy, s'abreuvant dans un étang d'eau douce de cette île granitique ; ils sont assez forts pour résister au dur hiver de cette région, et très agiles au saut.

Ci-contre :
Un poney gris de la Camargue, paissant dans les roseaux du delta du Rhône.

Ci-dessous :
Un troupeau de robustes alezans Haflinger, aux queues et aux crinières claires caractéristiques. Leur robe épaisse les protège du mauvais temps.

Le poney de Gotland a des ancêtres orientaux, qui expliquent l'élégance de sa conformation. Petit mais fort, c'est un excellent trotteur.

Page en regard :
Le Fjord norvégien rappelle les poneys sauvages du Moyen Age ; il est en général isabelle ou louvet, avec une bande dorsale noire et la crinière dressée.

Pages suivantes :
A les voir bondir à travers les marais salants, on comprend pourquoi les Poneys de Camargue évoquent de blancs hippocampes.

tincte, sorte de cheval de trait miniature. En Amérique, on connaît bien leur allure un peu exagérée quand ils traînent de petits attelages ; souvent on les botte de longs sabots postiches et on les orne de queues artificielles flottant au vent.

C'est dans la partie occidentale de l'Irlande que se trouve la région de Connemara, battue par les vents, où vit une superbe race de poneys indigènes, qui mesurent entre 1,30 et 1,40 mètre et dont la conformation est très élégante. On les trouve le plus couramment en diverses teintes de gris, de noir, de brun, de bai, parfois aussi de louvet (avec bande dorsale noire). Le *Connemara* s'est développé dans cette région, bien délimitée géographiquement, sans l'intervention de l'homme. Le climat est là-bas très clément, pas très différent de celui du Sud de l'Europe, et l'herbe y est riche et abondante du début du printemps à la fin de l'automne. La richesse du terrain, qui contient quantité de sels minéraux, contribue à la solidité et à la qualité de l'ossature des poneys. Au XIXe siècle, la race Connemara a été croisée avec des chevaux arabes et gallois; l'influence arabe est visible dans le beau dessin des têtes des poneys actuels. Ceux-ci sont renommés pour leurs performances dans tous les domaines de l'équitation : aussi les exporte-t-on vers la plupart des pays du monde.

On a recouru à des étalons de Connemara et d'Exmoor pour créer une très jolie race de poneys dans l'île granitique de Lundy, située à 40 kilomètres des côtes du Devonshire. Cette île, qui abrite des fous, des macareux et d'autres grands oiseaux de mer, consiste en un vaste plateau herbeux balayé par les vents, de cinq kilomètres de long et de moins d'un kilomètre de large ; ses falaises granitiques s'enfoncent à pic dans la mer. Les poneys de *Lundy* sont en général de teinte louvette et ne mesurent guère plus de 1,35 mètre de haut. Très robustes, ils ont aussi des qualités d'élégance. En 1929, des éleveurs transportèrent par bateau dans l'île de Lundy quarante-deux juments de la race New Forest ; grâce à cet apport, le sang des poneys de Lundy a été renouvelé et, au gré d'une sélection très rigide, on dispose aujourd'hui d'une variété de poneys remarquable à tous égards.

Quittons maintenant les îles pour le continent, lequel comporte aussi d'intéressantes races de poneys. Le poney de *Camargue* est un produit authentique de son milieu : il vit en troupeaux, à l'état semi-sauvage, dans les marais salants des Bouches-du-Rhône. Ces poneys ont visiblement une ascendance orientale ; on s'en sert pour garder et rassembler les troupeaux de taureaux noirs sauvages qui paissent et se reproduisent dans cette région et sont très prisés pour leur fougue, qui en fait d'admirables animaux de corridas. Les poneys de Camargue sont bien bâtis et mesurent environ 1,45 mètre de hauteur ; ils sont généralement gris, leur couleur variant du blanc grisâtre au bleu-noir ; les poulains sont presque noirs à leur naissance mais leur teinte pâlit au fur et à mesure qu'ils grandissent. Ils sont exceptionnellement résistants, car les gardians provençaux ne les ménagent guère lorsqu'ils les montent, et ils doivent se contenter d'une maigre pâture ; de plus, ils vivent souvent enfoncés jusqu'au ventre dans l'eau salée et les roseaux. En été, on les emploie au transport des touristes, qu'ils font évoluer, dans des marécages souvent dangereux, pour leur montrer les fameux flamants roses qui peuplent la région. En hiver, en revanche, le poney de Camargue doit se débrouiller tout seul ; on le laisse libre mais on ne le nourrit pas. Quand on voit un troupeau de poneys de Camargue galoper dans les marécages, têtes et épaules dépassant seules au-dessus du terrain fangeux, on croit voir les hippocampes fabuleux de la légende (et, du reste, le poney de Camargue est quelquefois désigné par ce nom).

L'Allemagne a deux races indigènes de poneys : le *Senner*, très courageux mais en voie d'extinction, qui vit dans le Teutoburger Wald, au sud d'Osnabrück ; et le *Dülmen*, qui existe à l'état semi-sauvage dans le Meerfelder Bruch, où il se trouve depuis au moins six siècles. Les troupeaux y sont rassemblés annuellement et les animaux en excès sont vendus. C'est un très petit poney (moins de 1,30 mètre), brun, noir ou louvet, cette dernière espèce ayant des extrémités et une bande dorsale noires.

On observe la même bande dorsale — qui atteste la parenté avec le Tarpan — chez certaines races de poneys polonais. Le plus proche parent du Tarpan est le *Konik*, un cheval trapu de 1,30 mètre de haut, qui existe dans toutes les nuances de jaune, de gris et de louvet bleuté. Son cousin le *Huzul*, plus petit, est un montagnard infatigable des Carpates (on l'appelle d'ailleurs souvent « poney des Carpates »). Konik et Huzul sont des races très anciennes : le gouvernement polonais a pris toutes les mesures nécessaires à leur conservation.

Autre montagnard très demandé dans les pays qui ont besoin de bêtes de somme petites mais robustes : l'Autrichien dit *Haflinger*. On a dit de lui qu'il était « un prince par-devant et un paysan par-derrière » ; c'est une espèce de petit cheval doré, un alezan à la robe luisante, à la crinière et à la queue blanches ou filasse. Il mesure environ 1,40 mètre de haut, il est fort robuste et il a une allure souple et rapide ; il peut servir aussi bien de monture que de cheval de trait ; son tempérament est facile et agréable.

L'Italie possède un proche parent du Haflinger, l'*Avelignese*, qui est toutefois plus grand et plus lourd que son cousin autrichien.

La race la plus connue de poneys suédois est en fait, bien que vivant sur le continent, encore une espèce insulaire, car elle descend du poney de *Gotland*, île où cet animal a vécu longtemps à l'état semi-sauvage. Il y a un siècle, deux étalons — l'un syrien, l'autre oriental — furent envoyés à Gotland pour améliorer la race, sans grand effet car le type en est bien fixé et il est demeuré inchangé depuis des centaines d'années : les squelettes d'anciens poneys de Gotland qu'on a retrouvés dans les grottes de l'île remontent à l'âge de la pierre et présentent une étroite ressemblance avec ceux des animaux actuels. Le Gotland mesure environ 1,20 mètre, il est bien bâti et sert aussi bien de monture aux enfants que d'animal de ferme et de trotteur de courses.

Le poney norvégien, le sympathique *Fjord*, semble dater de la dernière époque glaciaire ; il ressemble beaucoup à son ancêtre, le cheval sauvage de Mongolie. Il est isabelle ou jaune, avec la queue et la crinière foncées, et une bande dorsale très caractéristique ; il arrive aussi qu'il ait des bandes noires sur les jambes. Pareil à ce qu'il était quand il servait de monture aux Vikings dans leurs combats corps à corps, le Fjord est robuste, trapu, alerte et actif ; il a un grand sens de l'humour. C'est aussi bien un cheval d'équitation qu'un cheval d'attelage ; beaucoup de pays d'Europe septentrionale l'utilisent comme auxiliaire agricole, car il convient particulièrement bien au labourage des sols légers.

Autre race norvégienne, le poney du *Nordland* provient de la province du même nom, qui s'étend au nord de Trondheim. C'est une espèce rare, qui descend directement du Tarpan et rappelle, paraît-il, une race équine actuellement disparue, le poney des îles Lofoten ; le poney du Nordland est petit, de teinte toujours sombre, avec une queue et une crinière très fournies et flottantes. Troisième race de Norvège, le *Döle-Gudbrandsdal* est plus grand et ressemble au Fell britannique ; c'est le produit du mélange de lourds chevaux danois et de pur-sang ; ce poney peut traîner de

lourdes charges, au trot, sur de longues distances.

La Grèce, et en particulier les îles grecques, furent jadis la patrie de nombreuses races de poneys, mais la plupart sont éteintes aujourd'hui. Le poney du *Pénée*, de type oriental, varie considérablement en taille et en couleur ; c'est surtout une bête de somme, très utile aux paysans grecs car il est très sobre et d'un entretien économique. Les étalons de cette espèce, accouplés à des ânesses, produisent d'excellents bardots. Le poney du *Pinde*, thessalien comme le Pénée, lui ressemble beaucoup, mais en plus des usages agricoles, il sert aussi de monture. Les animaux de ces deux espèces, ayant le pied très sûr, sont d'une valeur inestimable pour la traversée des régions montagneuses du Nord de la Grèce : ils peuvent grimper et descendre des pentes abruptes avec de lourdes charges. Dans l'île de Skyros, on trouve un poney qui n'a que 1,10 mètre de haut et dont la constitution est assez faible, sans doute en raison du manque d'herbe à brouter. Louvet, gris ou brun, le *Skyros* est exporté vers le continent pour servir de monture aux tout petits enfants ; sur l'île même, il sert, avec un coéquipier, à moudre le grain ou à actionner une noria. Menacé récemment d'extinction, la race de Skyros a pu être sauvée par l'intervention d'une société qui a fourni de la nourriture et une aide vétérinaire.

Dans les îles grecques, on emploie toujours les poneys pour l'agriculture. Cet alezan sert à débarrasser l'avoine de sa balle.

Page en regard :
Le Döle-Gudbrandsdal, bien connu pour son endurance, est un auxiliaire précieux des paysans et fermiers norvégiens.

Un bel étalon de la Caspienne, né en Iran mais paissant tranquillement dans les prairies anglaises aux côtés des juments locales.

On a pu croire également que la plus célèbre race iranienne de poneys, la race *Caspienne*, allait s'éteindre. En fait, ce cheval arabe en miniature (qu'on suppose d'ailleurs être l'ancêtre des chevaux arabes actuels) passait pour disparu, et sa redécouverte a l'air d'un conte de fées. Une expédition, envoyée tout exprès sur la rive Sud de la Caspienne en 1965, n'avait plus trouvé aucune trace de ces poneys. Toutefois, sur la base de certains renseignements, les membres de l'équipe partirent dans les montagnes iraniennes situées au-dessus de la mer. Effectivement, à de très hautes altitudes, on finit par retrouver quelques spécimens de ces animaux minuscules, enfoncés dans la boue jusqu'au poitrail, ou attelés à des charrettes bancales et portant des tas de fagots. Certains de ces poneys étaient malades, d'autres blessés, tous avaient été maltraités et étaient rongés par les parasites. L'expédition réussit à sélectionner quelques étalons et quelques juments, et la fière race des poneys de la Caspienne put ainsi être reconstituée. On a fondé un haras près de Téhéran, où ces petits chevaux arabes ont été traités, soignés et nourris ; un autre élevage en a été établi en Grande-Bretagne, un troisième aux îles Bermudes et un quatrième aux Etats-Unis. Actuellement. Le Caspien est redevenu un magnifique poney, à la tête petite et fine, aux grands yeux et aux belles narines.

Les oreilles sont très petites mais alertement dressées. La svelte encolure se prolonge en un beau garrot et les épaules sont légèrement tombantes. Le dos est très droit, le corps mince et la queue haut dressée. Les jambes, quoique fines, ont une forte ossature ; les boulets ne portent pas de fanons. Il faut noter la dureté des sabots ovales. Intelligent et énergique, le Caspien est aussi travailleur ; même en période de monte, les étalons ne se battent pas et peuvent rester dans le même enclos. Pour l'équitation, c'est un poney idéal, à l'allure souple, que ce soit au pas, au trot ou au galop ; c'est aussi un étonnant sauteur. Bref, le Caspien est un véritable cheval miniature qui a passé sans changement de la plus haute Antiquité à l'ère actuelle.

Le poney: animal de sport et de loisirs

Le polo est un jeu très ancien, dont une des formes était jouée en Perse au Ve siècle avant Jésus-Christ. De vieux manuscrits nous montrent, en couleurs, de beaux cavaliers montés sur des poneys fougueux, portant des maillets qui ressemblent beaucoup à ceux dont on se sert encore aujourd'hui. Il s'agit visiblement d'une sorte de polo, et on croit que le jeu que nous présente cette miniature est lui-même une forme évoluée d'un jeu plus dangereux, le Savlajam, qui était également joué à cheval mais au cours duquel on lançait en l'air une balle solide. A Ispahan, on peut admirer les ruines d'un ancien terrain de polo d'environ trois cents mètres de longueur ; les buts de pierre sont encore solidement plantés aux deux extrémités du terrain. Le magnifique pavillon d'où le chah Abbas suivait le jeu existe toujours, mais le terrain lui-même, au lieu de servir aux ébats des joueurs et de leurs chevaux, est orné de parterres de fleurs et, en son centre, d'une pièce d'eau ; il n'est plus arpenté que par les touristes. Le polo fut un sport populaire en Iran des siècles durant, et un beau poème de Firdaoui, datant de 935 après Jésus-Christ, nous décrit une partie serrée entre joueurs turcs et persans.

De Perse, le jeu se répandit un peu partout à la ronde, et on peut voir dans l'Himalaya un amphithéâtre naturel dans lequel on a joué au polo pendant deux millénaires ; l'entrée en est marquée par une enseigne de bois sur laquelle sont gravés des vers sanscrits qui signifient :

Laisse le commun s'amuser à son choix :
Le roi des sports reste le sport des rois.

Plus au nord, sur le plateau de Pamir, dans sa partie russe, le polo se joue sous le nom de « guibosi », sur des poneys secs et nerveux. Et au Tibet, en Inde, en Chine et au Japon, partout où l'on trouve des poneys assez agiles pour cela, le polo est devenu un jeu populaire.

Les officiers britanniques qui servaient dans ces pays commencèrent

On voit ici le poney le plus proche de l'appareil essayant de bousculer l'animal voisin pour empêcher le cavalier de frapper la balle.

Au polo, dit le roi des sports, deux équipes de quatre joueurs s'affrontent au cours de périodes minutées dites « chukkers », chaque partie consistant en général en six « chukkers ».

par regarder les indigènes jouer au polo, puis ils participèrent au jeu, et ils finirent par l'introduire en Grande-Bretagne en 1859. Quand les officiers du 10e hussards revinrent en 1871 de la frontière nord-ouest de l'Inde, le polo s'établit fermement en Angleterre et quatre ans plus tard la « Hurlingham Polo Association » vit le jour. Cet organisme promulgua des règles très strictes qui, à part des modifications mineures (la principale étant la restriction de la limite de hauteur des poneys), ont très peu changé en un siècle. Vingt ans plus tard, entre 1880 et 1890, le polo devint également un jeu très répandu aux Etats-Unis, puis il s'étendit à l'Amérique du Sud. A l'heure actuelle, il existe fort peu d'endroits au monde dans lesquels on ne joue pas au polo.

De même qu'on a pu dire que le polo est le roi des sports, le poney de polo peut être dénommé le roi des poneys. Un poney de polo peut avoir n'importe quelle couleur, et ses caractéristiques varient selon son pays d'origine. On a recouru à plusieurs races différentes pour produire un animal qui convienne particulièrement bien à ce sport : le meilleur poney de polo a le dos court et solide, l'encolure longue et l'arrière-train très musclé. Mais il importe surtout que l'animal soit exceptionnellement intelligent et qu'il ait pour le jeu une aptitude naturelle. Il doit être obéissant, réagir rapidement à toutes les allures, et il faut l'entraîner dès son plus jeune âge à partir et à s'arrêter à la vitesse de l'éclair, ainsi qu'à tourner sur simple pression des rênes sur l'encolure, ou même à l'incitation du poids du cavalier, et non pas au mors. Ce sont les poneys élevés en Argentine que les très bons joueurs de polo préfèrent, car ils sont exceptionnellement rapides et intrépides. Ces poneys proviennent d'un croisement de pur-sang et de poneys d'Inde, du Pakistan, de Connemara et de New Forest. C'est ainsi qu'au cours des ans s'est formée une espèce type, dite « poney de polo ».

Bien que la très grande majorité des chevaux de courses soient des animaux de grande taille, il existe dans plusieurs pays des courses spéciales de poneys : ces courses sont souvent très populaires, aussi bien les courses de galop que celles de trot attelé. On sait que ce dernier sport est pratiqué dans nombre de pays d'Europe ; dans ces pays-là, il existe des haras spécialisés dans la production de poneys trotteurs. En France, le *Noram* est un trotteur demi-sang, généralement de grande taille, mais il y a eu des exceptions, tel ce Noram mêlé de sang italien qui a gagné 129 courses et ne mesurait que 1,40 mètre (donc la taille d'un poney). Aux Pays-Bas, où le trot est pratiqué depuis plusieurs années, c'est la race dite *Harddraver* qui alimente les courses de trot. Certains étalons de cette race ont été exportés aux Etats-Unis pour améliorer les trotteurs américains ; mais la boucle a été bouclée du fait que les Etats-Unis, à leur tour, ont exporté certains de leurs trotteurs pour améliorer l'élevage de trotteurs européens.

C'est en Italie que le trot attelé connaît le succès le plus fanatique ; le

champ de courses de Palerme est fameux pour ses compétitions de trot. La Russie organise également des courses de trot attelé qui connaissent un énorme succès : on sait, du reste, que la Russie produit sa propre race de trotteurs, l'*Orlov*, qui a été créée en 1778 d'un mélange de pur-sang, d'Arabe et de Harddraver. L'Orlov est capable de trotter aussi bien sur la cendrée en traînant un sulky que sur une piste glacée en tirant un traîneau. Plus récemment, les Russes ont croisé l'Orlov avec un trotteur importé des Etats-Unis pour créer une race nouvelle, encore plus résistante et plus rapide, le trotteur russe, qu'on emploie dans l'agriculture et pour le transport aussi bien que pour les courses. Les pays scandinaves ont aussi leurs courses de trot : c'est le *Dole* qui court en Norvège, le *Trotteur nordique* en Suède et le *Finnois universel* en Finlande. Le Canada, l'Australie et la Nouvelle-Zélande cultivent également les courses de trot attelé : de grandes foules se rassemblent sur les hippodromes pour parier sur leurs poneys favoris.

Les poneys participent à des cour-

Les trotteurs sont populaires dans bien des pays : aux courses, ils doivent traîner un sulky durant une période déterminée sans jamais changer d'allure et passer, par exemple, au galop.

ses d'obstacles au même titre que les chevaux plus grands. On voit sauter des poneys de n'importe quelle couleur et n'importe quelle conformation : la seule exigence étant que le petit animal soit capable de faire passer à son cavalier toutes sortes d'obstacles en largeur, en hauteur et en difficulté. Dans ces courses-là, les règlements sont très stricts : s'il s'agit de jeunes poneys, ils ne doivent pas mesurer plus de 14,2 paumes de hauteur (1,442 mètre), avec une tolérance de 12,7 millimètres pour la hauteur du sabot. Il va de soi que l'école de saut est, pour le poney, d'une grande rigueur, vu le risque que court le cavalier : l'animal doit apprendre avant tout la souplesse et l'obéissance. Certains poneys sautent lentement mais atteignent des hauteurs surprenantes compte tenu de leur taille ; d'autres arrivent à sauter à grande vitesse, ce qui est précieux dans les courses contre la montre. Quelques poneys préfèrent les pistes couvertes ; d'autres sautent mieux en plein air. Il arrive qu'un poney à l'arrière-train très musclé saute admirablement mais s'avère inadéquat pour toute présentation au concours.

La chasse montée se pratique dans plusieurs pays, et comme le prix d'entretien d'un cheval devient de plus en plus élevé, beaucoup de chasseurs recourent maintenant à des montures plus petites : c'est pour la chasse que le Cob gallois, dont il a été question plus haut, s'est avéré le mieux adapté. Il peut s'agir aussi bien du « type Cob » que du « Cob D » (voir chapitre précédent), qui est souvent un peu plus grand. Cet animal combine la vivacité et les qualités équestres d'un grand cheval avec l'intelligence et la sobriété d'un poney. Pour la chasse, la solidité des os, des jarrets et des pieds est essentielle, ainsi qu'un tempérament égal et agréable. Le Cob gallois convient pour n'importe quel gibier ; il est assez résistant pour porter un chasseur pendant un jour entier. Bon sauteur, il donne l'impression de toujours prendre plaisir à n'importe quel exercice auquel on l'entraîne. Le Cob, nourri uniquement d'herbe le reste de l'année, a besoin de rations supplémentaires au moment de la chasse et il ne faut pas manquer de le tondre à la veille de cet exercice fatigant, en laissant seulement les poils de leur longueur naturelle sur les jambes. Il ne nécessite qu'un pansage superficiel avant d'être sellé le matin du rendez-vous. Mais au retour, après l'avoir laissé transpirer à fond, il faudra l'abreuver et l'essuyer, puis le couvrir d'un bon plaid chaud avant de le laisser se reposer.

L'excitation de la chasse encourage tous les poneys, fussent-ils très petits, à franchir de formidables obstacles.

Ci-contre :
Il est préférable d'empêcher un poney de brouter l'herbe, tandis qu'il attend, rênes relâchées : en effet, en cas d'urgence, le cavalier ne pourrait alors reprendre assez rapidement la maîtrise de sa monture.

Page en regard, en haut :
Certains poneys sont dressés à trotter l'amble, c'est-à-dire à mouvoir alternativement chaque bipède latéral et non chaque bipède diagonal comme au trot. C'est une allure rapide, contrôlée ici par un harnachement spéc al placé autour des jambes de l'animal.

Page en regard, en bas :
Ce poney est manifestement un excellent sauteur, que son cavalier assiste de son mieux en gardant l'assiette et en maintenant au moyen des rênes un bon contact avec la bouche du cheval.

Au rendez-vous, en attendant les chiens, ce poney gris semble prêt pour la chasse. On a tondu partiellement sa robe d'hiver pour lui éviter de s'échauffer pendant cet exercice violent.

Page en regard :
Le Fjord norvégien est renommé pour sa capacité de trait : on en voit ici une belle paire attelée à une voiture élégante.

D'autres races de poneys se prêtent également à la chasse, surtout lorsqu'on a développé leurs aptitudes au saut : Fell, Dales et Connemara, en particulier, suivent volontiers les chiens de chasse et ne s'énervent pas comme le font quelquefois d'autres poneys plus petits. Tous ces « chasseurs » doivent être tondus sur tout le corps sauf aux jambes, afin de supporter l'échauffement d'une journée entière de trot, de galop et de saut. Pour les très jeunes poneys, il importe de leur enseigner la façon de se comporter, en les faisant participer à une partie d'une chasse avant de les monter pendant une journée entière ; ils s'habituent ainsi à se trouver à proximité d'autres chevaux et d'une meute de chiens. On les dressera aussi à ne pas ruer et à ne pas s'exciter.

Autre sport qui gagne sans cesse de nouveaux adeptes : la conduite d'un cheval attelé. De nombreuses sociétés sportives favorisent cet agréable passe-temps, et on attelle maintenant des poneys à n'importe quelle espèce de véhicule. Ces associations organisent des marathons, des parades, des courses d'obstacles pour attelages, des courses de vitesse, etc. On attelle les poneys isolément, par paires ou en équipes. Bien entendu, le poney doit être robuste et bien dressé au harnais ; il doit aussi être habitué à la

92
161

Le Shetland accepte volontiers le harnais et, vu sa petite taille et sa placidité, se laisse conduire par des enfants.

circulation et être capable de s'arrêter et de repartir au doigt et à l'œil. Le poney anglais d'attelage *(Hackney)* a été dressé à cette fin depuis plus de deux siècles ; c'est le résultat du croisement d'un pur-sang et d'un Norfolk avec des poneys d'origine britannique. Très élégant, il est à la fois véloce et vigoureux ; il passait naguère pour pouvoir faire 27 kilomètres/heure. Une paire de *Hackney* attelés constitue un superbe équipage, digne d'être présenté au concours, et, à l'heure actuelle, ce type de poneys n'est nullement confiné à la Grande-Bretagne mais se trouve dans tous les pays du monde.

Mais le sport le plus populaire de tous, pour les amateurs de poneys, c'est sans doute le gymkhana. Ce type d'épreuves est aussi amusant pour l'animal que pour son cavalier et pour le spectateur. A ce jeu-là, il arrive souvent qu'un petit poney en batte un plus grand, car la plupart des épreuves du gymkhana requièrent davantage d'adresse et de réaction aux commandes du cavalier que de force ou de vitesse. Certains poneys sont capables non seulement d'apprendre les multiples finesses du gymkhana mais aussi d'y prendre un plaisir manifeste : on les voit s'arrêter, repartir, tourner, dépasser les autres poneys sans attendre le signal de leur cavalier !

Ce dernier doit, du reste, apprendre également à participer à ces jeux. Il doit développer un sens inconscient de l'équilibre et de l'assiette. Le poney, de son côté, apprend à mieux se servir de ses hanches et de ses jarrets. Il va de soi qu'au préalable, cheval et cavalier doivent avoir acquis une bonne école en exerçant le pas, le trot et le galop, en apprenant tous deux à changer d'allure, en sachant, le premier réagir aux aides, le second s'en servir correctement. Une des leçons les plus importantes, pour le poney de gymkhana, c'est d'apprendre à se tenir tranquille, parfaitement immobile, dans l'atmosphère agitée d'un champ de courses ou d'une arène bondée, malgré la présence d'autres animaux partant dans toutes les directions. Ce dernier point est essentiel, car l'instinct naturel du poney le pousse à courir dans la même direction que le troupeau. Le poney doit encore apprendre à assister impassible aux comportements les plus étranges de son maître : en effet, les malices du gymkhana peuvent obliger le cavalier à descendre de sa monture et à sautiller à côté d'elle, les jambes entortillées dans un sac de son ; elles peuvent aussi le contraindre à agiter le cou de toutes les manières pour essayer de mordre dans une pomme qui tournoie au bout d'une ficelle. Le poney doit savoir

En Irlande, les poneys locaux traînent des véhicules spéciaux dont les sièges sont tournés vers le paysage, ce qui permet aux touristes d'admirer les célèbres teintes vertes du pays.

courir derrière son cavalier alors que les rênes ne sont pas tendues, et ne pas reculer en tirant sur la longe ; il ne doit pas broncher lorsque le cavalier transporte des objets aussi bizarres qu'un mannequin rempli de paille, un seau, un parapluie ouvert ou une cuillère sur laquelle un œuf se trouve en équilibre précaire. Quant au cavalier, il lui faut apprendre à se livrer à tous ces exercices comiques sans que sa technique d'équitation en soit le moins du monde affectée. On voit trop souvent, lors des gymkhanas, des concurrents maladroits qui battent des bras et des jambes, qui crient après leurs poneys ou qui tirent furieusement sur les rênes, martyrisant la bouche du malheureux animal qui n'en peut mais. Fort heureusement, les vainqueurs — un poney bien dressé et discipliné monté par un cavalier sympathique et bien exercé — donneront le bon exemple aux moins habiles.

Le rodéo est un sport extrêmement populaire aux Etats-Unis. Nous n'en parlerons ici que comme spectacle, car outre qu'il n'est pas pratiqué en Europe, il s'agit là d'un jeu réellement dangereux, qu'on ne saurait conseiller à aucun cavalier qui ne soit pas passé maître en haute voltige ! Dans les Etats de l'Ouest américain, il n'est pas rare que les cow-boys qui tentent leur chance au rodéo montent des poneys ; il s'agit de poneys extrêmement robustes, très habiles au « saut de mouton », qu'on désigne sous le nom de *bronchos*. La plupart des cavaliers qui participent aux rodéos sont des professionnels dont l'habileté et l'audace galvanisent les foules. Les rodéos montés sur bronchos comportent deux catégories d'épreuves : sur poney sellé et à cru ; les cow-boys tirent au sort pour savoir quelle monture ils auront. Certains bronchos sont plus difficiles à monter que d'autres et leur façon de faire le « saut de mouton » peut même être mortelle. Le mot « broncho » est dérivé d'un terme espagnol qui signifie « rude » et il convient parfaitement bien à ces animaux sauvages et têtus.

Avant la course, les bronchos sont gardés dans des stalles spéciales, pourvues de hautes parois de bois qui empêchent les poneys de se retourner. S'il s'agit d'un rodéo sellé, on fait descendre d'en haut les selles sur les dos des animaux, et les cavaliers ajustent la sous-ventrière en se plaçant de côté et en se protégeant par une barrière, car il n'est pas rare que le poney commence à ruer et à faire le « saut de mouton » bien avant la course, dans les limites mêmes de sa stalle. Lorsque l'épreuve va commencer, le premier cavalier se met en selle sur le poney que le sort lui a alloué, il saisit fermement la corde qui est attachée au collier de sa monture et il fait signe qu'il est prêt : la porte de la stalle est alors ouverte, le broncho bondit dans un nuage de poussière, tête baissée, et il voûte l'épine dorsale en rassemblant les jambes pour essayer de désarçonner son cavalier ; c'est ce qu'on appelle le « saut

Page en regard :
Dans les pays froids, les poneys tirent des traîneaux sur la neige gelée : ils portent des fers spéciaux pour éviter le dérapage.

Ci-contre :
Les poneys Hackney sont renommés pour leur action vigoureuse : on voit ici un bel animal noir, au fier maintien, applaudi par la foule tandis qu'il trotte sur la piste d'un hippodrome.

Pages suivantes :
Cette jument, et son poulain, en train de paître tranquillement, sont bien loin de la bousculade des compétitions et des gymkhanas.

Ci-dessous :
Dans ce gymkhana, les poneys ont l'air de s'amuser au moins autant que leurs jeunes cavaliers !

de mouton ». Pour obtenir un score élevé au rodéo, le cow-boy qui monte le broncho doit se plier à certaines règles particulières d'équitation : son bras libre doit se balancer d'avant en arrière en restant de niveau avec ses épaules et il ne doit tenir la corde que d'une seule main. Il ne doit jamais agripper la crinière du broncho ni lui serrer les flancs avec ses jambes. En revanche, il doit caresser de ses bottes éperonnées les flancs de la bête tout au long de la course, cela pour bien faire voir qu'il se tient en selle en équilibre naturel. Il arrive souvent que cet équilibre soit rompu par le « saut de mouton » du poney dès l'instant où ce dernier quitte sa stalle : un poney intelligent et expérimenté s'en rend parfaitement compte et s'arrange malignement à empêcher le cavalier de récupérer une assiette normale. Les bronchos recourent à diverses méthodes : ils se tordent, tournent sur eux-mêmes, effectuent des spirales pour tenter de désarçonner le cow-boy qui les monte.

Une course à l'œuf : hélas ! ce joli poney gris va être disqualifié, car son cavalier a laissé tomber l'œuf de la cuillère !

Lorsque cela se produit, le cavalier tombé à terre essaie de rouler sur lui-même pour s'éloigner de son poney et éviter ses dangereuses ruades. Le laps de temps alloué à ce premier exercice du rodéo est limité : au bout d'un moment, une cloche indique la fin de l'épreuve, et le cow-boy qui a réussi à se maintenir en selle saute à terre soit en s'aidant d'une corde attachée à cet effet au pilier central de la piste, soit avec l'assistance de deux cavaliers, faisant partie du personnel du rodéo et chargés officiellement d'aider les concurrents.

Le rodéo comporte évidemment d'autres épreuves, dont les deux plus passionnantes sont le *bull-dogging* et le *calf-roping*. Dans la première, le cowboy monté sur son poney doit attraper un grand taureau par les cornes et l'obliger à se coucher à terre. Pour cet exercice, la rapidité et l'adresse du broncho jouent un rôle capital, car l'épreuve est minutée et le vainqueur est celui qui a jeté le taureau à terre dans le laps de temps le plus bref à partir du moment où la porte de la stalle a été ouverte. Le broncho bondit en avant dès que la porte s'ouvre ; le taureau apparaît au même instant et galope parallèlement au poney, de telle manière que le cow-boy puisse sauter sur son dos, l'attraper par les cornes et forcer la puissante bête à se coucher à terre. Dans le *calf-roping*, le poney joue un rôle encore plus important, car le cavalier doit attraper un veau au lasso tout en restant en selle, puis attacher l'extrémité libre du lasso au troussequin avant de sauter lui-même à terre. Le broncho a été dressé de manière à laisser la corde traîner mollement sur le sol, de façon que le cow-boy puisse s'en servir pour lier trois des pattes du veau, selon la règle ; après quoi le poney se rapproche du veau, laissant toujours la corde lâche, pour qu'on puisse la détacher. Il est assez surprenant de constater que le veau ne paraît pas affecté par ce traitement brutal et qu'il retourne ensuite vers ses compagnons d'un air tranquille !

Le *calf-cutting* exige encore plus d'adresse, tant du poney que du cavalier. On lâche un troupeau de veaux dans l'arène ; le broncho doit se promener tranquillement parmi eux, rênes non tendues. Le cow-boy choisit un veau, l'indique à sa monture, et celle-ci doit séparer l'animal du reste du troupeau et l'empêcher de rejoindre ses compagnons en faisant autour de lui une série de tours et de manœuvres. Pour cela, le broncho ne doit recevoir aucune aide ni de son cavalier ni de quiconque : sinon, le concurrent perd des points. Après avoir ainsi séparé un veau du reste du troupeau, le cavalier en choisit un autre que le poney doit également forcer à s'éloigner de ses compagnons. Il doit renouveler cette prouesse trois fois dans un laps de temps donné. Pour y parvenir, il faut que le broncho prévienne tout mouvement tenté par ces veaux ombrageux et remuants pour esquiver sa manœuvre ou rejoindre le troupeau. Un bon broncho agit avec rapidité, d'une démarche presque dansante, avec une grâce et une habileté qui témoignent de son intelligence, ainsi que de l'adresse de celui qui l'a dressé.

L'équitation « style Western » est maintenant devenue populaire ailleurs qu'aux Etats-Unis et il arrive que des épreuves du genre rodéo (sinon le rodéo proprement dit) se déroulent dans les pays européens. Pour cela, les poneys doivent apprendre les allures à l'américaine (*jog* et *lope* au lieu de trot et galop) et monture et cavalier doivent adopter l'équipement et le harnachement nécessaires. Les écoles d'équitation américaine enseignent au poney et à son maître à passer du pas au *jog*,

C'est également avec enthousiasme que les poneys participent aux parades et ils se laissent attifer avec une incroyable bonne grâce.

puis à revenir au pas avant de passer au *lope*, de revenir encore une fois souplement au pas et de répéter cette série de manœuvres sous la commande d'une rêne puis de l'autre. On peut juger du tempérament du poney par la manière dont il fait la transition sans brusquerie d'une allure à l'autre.

Le lecteur qui n'est pas informé des particularités de l'équitation américaine, style « Western », doit savoir que le *jog* est une espèce de trot et que le *lope* est un petit galop beaucoup plus proche du canter anglais que du galop français. Les écoles d'équitation américaines comportent des épreuves sur piste, au cours desquelles le poney doit savoir changer d'allure, quelles que soient les difficultés du trajet, ainsi que franchir les obstacles naturels qu'il rencontrerait sur un trajet en montagne ou en forêt. Les moniteurs disposent en général six à huit obstacles de ce genre sur la piste : une barrière fermée que le cavalier doit ouvrir et refermer sans descendre de cheval ; des poutres ou des bottes de paille que le cavalier doit écarter du chemin au moyen d'une corde sans mettre pied à terre ; des poutres ou des haies à franchir d'un saut ou à contourner, parfois un ponton de bois à passer et un fossé à sauter. Ces épreuves, bien qu'il ne s'agisse pas de concours proprement dits, ont souvent lieu en présence de spectateurs, dont les applaudissements ou les huées indiquent au cavalier et à sa monture si le dressage a été adéquat !

Un apprentissage plus poussé, toujours dans le style de l'école américaine qu'enseignent maintenant nombre de moniteurs d'équitation en Europe, consiste à entraîner le poney aux jeux du rodéo. Ne conviennent à ces exercices-là que les animaux très robustes, assez forts pour résister à la traction d'un taureau attaché à une corde et assez agiles pour se livrer au *calf-cutting* que nous avons décrit. En classe d'équitation, on ne travaille évidemment pas avec des bovins, mais on exerce le poney aux mouvements qu'il devrait faire, cas échéant, dans l'arène du rodéo : passer brusquement de l'immobilité au galop sur cinquante mètres, puis s'immobiliser à nouveau, antérieurs

Au rodéo, le cavalier doit être courageux, car les bronchos connaissent tous les procédés propres à désarçonner le concurrent, fût-il un as de la voltige. Le cow-boy doit s'en remettre entièrement à son sens de l'équilibre ; il n'a le droit de se servir ni de ses mains ni de ses jambes.

Page en regard, en haut :
Au moment où le broncho se précipite dans l'arène, le cavalier essaie de prévoir les brusques changements de direction dont l'animal est coutumier.

Page en regard, en bas :
Lors des manœuvres qu'il effectue pour séparer un veau du troupeau, le poney a un rôle difficile à tenir : il doit permettre au cavalier de sauter juste à temps.

légèrement décollés du sol ; reculer de quelques pas, puis exécuter au *jog* une série de huit sur la piste. Après quoi le cavalier met pied à terre, laissant les rênes flottantes : le poney doit demeurer parfaitement immobile pendant que son maître s'éloigne.

Dans l'épreuve dite du « trèfle », on teste l'aptitude du poney à tourner rapidement et sans perdre de temps ; c'est une épreuve contre la montre. Le poney doit traverser au galop la piste, tourner autour d'un tonneau dans le sens des aiguilles d'une montre, puis galoper en direction de l'extrémité opposée de la piste pour contourner un second tonneau dans le sens contraire à celui des aiguilles d'une montre. Il devra ensuite partir en direction d'un troisième tonneau, le contourner également en sens inverse de celui des aiguilles d'une montre, puis achever sa course par un quatrième trajet en ligne droite, le tout devant être effectué sans faute et dans un délai donné, sans effleurer aucun des tonneaux.

Nous nous sommes ici un peu étendus sur ces exercices de style « Western », qui ne sont pas très courants en Europe, mais que plusieurs écoles d'équitation ont adoptés en Angleterre et même en France ou en Italie ; c'est précisément parce qu'il s'agit d'une curiosité que nous les avons décrits dans quelque détail, alors que les exercices communs de l'équitation sont connus de tous.

Les promenades à cheval, d'un usage plus courant, constituent un exercice plus facile et moins épuisant ; elles sont presque à la portée de tous, grâce aux clubs équestres. On peut entreprendre ces excursions pour une seule journée, ou bien louer un cheval pour une période de

Dans nombre de pays, l'excursion montée permet au touriste, même cavalier inexpérimenté, de visiter la région à dos de poney.

Page en regard, en haut :
La précision est indispensable aux poneys qui effectuent l'épreuve du « trèfle », au cours de laquelle ils doivent contourner un tonneau à bride abattue.

Page en regard, en bas :
Toujours au rodéo, le *calf-roping* consiste à prendre un veau au lasso, mais le poney joue un rôle important dans cette épreuve, car il doit s'arrêter pile et tenir la corde lorsque le cavalier met pied à terre après avoir attrapé le jeune bovin.

vacances et s'en servir pour explorer une vaste région, voire une partie d'un pays (l'Irlande a la spécialité de ce sport). Il existe dans la plupart des pays européens des zones calmes et retirées où il est possible de se promener à cheval et des établissements spécialisés qui louent des poneys dociles et robustes, aptes à transporter des cavaliers dotés de peu d'expérience, ainsi que des montures plus hardies pour les cavaliers plus habiles. Le poney est un animal tout particulièrement adapté à l'excursion de longue durée, car c'est une monture confortable et son pied très sûr lui permet d'aborder toute espèce de terrains. Pour les excursions qui s'étendent sur de longues périodes, il existe comme point d'attache, dans tous les pays, des camps et des hôtels confortables, souvent situés dans des parcs nationaux où l'on ne risque pas de se heurter à une forte circulation automobile. La plupart des promenades comportent des trajets quotidiens fixés d'avance, avec retour à l'hôtel ou au camp dans la soirée. D'autres excursions impliquent un itinéraire plus long, avec étape dans un camp différent pour chaque nuit, parfois dans un hôtel confortable pour permettre aux cavaliers de mieux se reposer, parfois aussi sous la tente ce qui permet de profiter des joies de la nature au petit jour.

Lors de telles excursions, chaque cavalier est responsable de sa monture ; les bagages suivent le plus souvent par camion, pour éviter de surcharger les poneys. L'excursion de plusieurs jours, si elle est plus fatigante que celle d'une seule journée, permet de voir davantage de paysages divers ; elle fait aussi bénéficier le cavalier d'un changement complet d'existence et de mode de vie. Il n'est pas besoin d'avoir pratiqué extensivement l'équitation pour se lancer dans une telle aventure : les cavaliers les moins expérimentés apprennent en peu de jours à mieux se tenir en selle et se familiarisent avec leur monture. Pour ce type d'entraîne-

Se promener à dos de poney le long d'une plage déserte au lever du soleil, quelle merveilleuse manière de commencer la journée !

ment « sur le tas » et, d'une façon générale, pour les itinéraires variés qui s'étendent sur de nombreuses journées, le poney est vraiment l'animal idéal.

Un cas particulièrement intéressant, à cet égard, est celui de l'Islande, pays qu'on ne peut réellement bien visiter que de cette manière-là. Les robustes poneys de la race locale transportent les touristes au gré d'étonnants trajets qui leur font admirer des glaciers, des montagnes couvertes de lave, des volcans, des pentes neigeuses, mais aussi des prairies qui, au printemps, sont constellées de fleurs de toutes les couleurs. Le climat de cette île nordique, beaucoup moins froid qu'on ne l'imagine, se prête bien aux excursions montées. Les poneys islandais, admirablement dressés, sont robustes et confortables ; ils vont l'amble, allure parfaitement adaptée à ce genre de promenades et idéale pour les longues distances. Les poneys islandais vous font ainsi traverser à gué de petites rivières, contourner des lacs glacés, longer le pied des volcans. Le soir, après un repas chaud qui vous réconforte, vous pouvez écouter les indigènes chanter les chants traditionnels de l'île, dont plusieurs mentionnent du reste les qualités exceptionnelles des petits chevaux locaux...

L'Irlande déjà mentionnée, mais aussi les montagnes écossaises et celles du pays de Galles, sont également des régions privilégiées pour l'excursion montée, car la circulation automobile y reste beaucoup moins dense que dans la plupart des autres pays européens et elles comportent quantité de zones isolées et de grandes forêts. Le cavalier aura ainsi l'occasion d'observer la vie des animaux sauvages qui continuent à fréquenter ces régions tranquilles. Les poneys de l'Ecosse et du pays de Galles sont, comme ceux de l'Irlande et de l'Islande, des animaux très sûrs et très dociles, et leur endurance les prédispose tout spécialement à ce genre d'excursions de longue durée.

D'autres pays, par ailleurs, procurent aux visiteurs étrangers des poneys capables de les transporter au gré de trajets spectaculaires. Citons par exemple l'Espagne, dont on admirera dans les meilleures conditions les *sierras* pittoresques en louant un poney.

Comment choisir un poney

Supposons que vous ayez une petite famille — deux ou trois enfants, dont un encore petit — et que vous viviez à la campagne. Tout naturellement, il vous viendra à l'idée d'acquérir un poney. Les lignes qui suivent sont destinées à vous guider dans votre choix et à vous éviter certaines erreurs.

Un poney « familial » peut avoir n'importe quelle apparence, n'importe quelle couleur et, dans certaines limites, n'importe quelle taille ; la race importe peu ; mais il doit être vif, bien adapté à ses maîtres, en bonne santé, et assez endurant pour demeurer en plein air toute l'année. Il doit aussi être assez robuste pour transporter tous les membres de la famille à tour de rôle, et assez bien dressé pour répondre aux aides du moins expérimenté et du plus petit des enfants. Plus important encore : il doit être aimable, intelligent, et n'avoir pas contracté de mauvaises habitudes.

Les très petits poneys conviennent bien aux très jeunes enfants qui risqueraient d'être mal à l'aise sur un animal plus grand ; mais il y a certains inconvénients à acquérir une bête trop petite : outre qu'elle risque de grandir sans bien se développer, elle ne saurait convenir aux membres plus grands de la famille. Il faut choisir un poney qui mesure entre treize et quatorze paumes (1,30 à 1,40 mètre) : un animal de cette taille sera assez grand pour transporter les adultes à une allure modérée et assez petit pour qu'un bébé puisse le monter. En

Il importe que le poney « familial » soit doté d'un tempérament doux et égal et qu'il supporte tous les autres animaux domestiques.

Un poney familial doit être très bien conformé : tel ce Connemara au dos court et fort et aux épaules tombantes.

outre, les poneys de cette taille se comportent généralement mieux que les très petits animaux.

Il importe peu qu'il soit joli à regarder, mais il faut observer de très près sa conformation physique ; c'est d'elle que dépend le confort du cavalier. Si l'encolure du poney est courte et épaisse, il risque d'avoir une allure gauche et empruntée ; un poney à « encolure de cerf » tiendra la tête trop haut, et c'est inconfortable. Ces deux types de chevaux galopent et sautent lourdement. Un poney aux épaules carrées trottera par saccades, ce qui n'est pas agréable ; les animaux qui n'ont pas les antérieurs suffisamment écartés risquent de frotter leurs jambes l'une contre l'autre aux allures rapides, ce qui les rend dangereux. Si le garrot n'est pas assez développé, la selle risque de glisser en avant lorsqu'on descend une pente ; si au contraire le dos est long et droit, c'est en arrière que la selle glissera.

Au moment de l'acquisition, il y a plusieurs façons de procéder. Nombre de revues d'équitation ont des pages d'annonces qui comportent une rubrique des ventes de particulier à particulier. Lorsque la chose est possible, mieux vaut toutefois acheter un poney dont on peut bien connaître les habitudes et l'histoire parce qu'il a appartenu à des amis ou à des connaissances ou qu'il vous a été recommandé par un vétérinaire qui l'a suivi dès sa naissance. Si vous n'avez encore jamais possédé de cheval, au moment de faire votre acquisition, faites-vous accompagner d'un ami compétent, qui demandera la permission au vendeur d'essayer le poney et le fera marcher, trotter et galoper, sur le pré et sur la route. L'ancien propriétaire ou le haras autorise souvent l'acheteur à emmener l'animal à l'essai pour une semaine environ, afin de bien juger s'il lui convient. En tout état de cause, faites contrôler le poney par un vétérinaire avant de procéder à l'achat définitif.

Avant de vous décider, demandez toujours à voir comment l'ancien propriétaire attrape son poney lorsque celui-ci est au pré, comment il le panse et comment il le selle. Certains poneys sont très difficiles à prendre et à harnacher ; ils ruent et ils mordent lorsqu'on veut les panser et les seller, ou ils font semblant de le faire. Ces derniers sont de petits plaisantins mais vous font perdre du temps et peuvent traumatiser les enfants ; les autres, ceux qui mordent pour de bon ou donnent des coups de sabot, sont réellement dangereux.

Autre précaution utile : prenez les pieds du poney l'un après l'autre car il importe de pouvoir les examiner en tout temps. Si les sabots ne sont pas

Quand on essaie un nouveau poney, il faut bien veiller à ce qu'il reste tranquille jusqu'au moment où le cavalier est en selle : le contraire prouverait que l'animal a de mauvaises habitudes.

Pour récompenser un poney sage, on lui donne une tape amicale.

ferrés, il peut s'agir d'une négligence (« le maréchal-ferrant était justement sur le point de venir », vous dira le maître du poney), mais il se peut aussi que l'animal soit difficile ou impossible à ferrer, auquel cas il vous faut renoncer à votre achat.

Le poney doit se tenir tranquille, les oreilles dressées, au moment où on le monte, puis il doit démarrer promptement dès que l'on recourt aux aides. Il est capital de voir comment l'animal réagit sur une route à grand trafic, car les poneys qui ont peur de la circulation sont dangereux, tant pour eux-mêmes que pour les autres usagers de la route. Quand on essaie un poney, on doit le faire passer par toutes les allures et, si possible, le faire légèrement sauter. Observez aussi s'il quitte volontiers l'écurie, s'il y revient avec plaisir, et s'il accepte facilement de se rapprocher ou de s'éloigner d'autres chevaux. Si vous avez l'intention de participer à des gymkhanas ou à des concours, demandez au vendeur si le poney monte aisément dans une remorque.

Ce sont les hongres qui constituent les meilleurs poneys familiaux, mais les juments passent pour être plus intelligentes et affectueuses. Toutefois, elles peuvent poser certains problèmes au moment des chaleurs ; mais il est difficile de trancher ici, car vous

rencontrerez des propriétaires de hongres qui protesteront que leur poney est aussi intelligent qu'une jument, et des propriétaires de juments qui affirmeront qu'ils n'ont jamais éprouvé aucune difficulté, même pendant la saison des amours.

Les très jeunes poneys ne conviennent pas aux cavaliers novices, aussi vaut-il mieux les éviter bien qu'ils soient meilleur marché. Quant aux poneys très âgés, ils risquent de ne pas être capables d'effectuer toutes les tâches requises d'un poney familial, bien qu'ils conviennent très bien à un enfant encore petit ou assez nerveux. En définitive, le meilleur âge pour un poney familial se situe entre sept et douze ans, ce qui lui laisse encore une belle perspective de vie au sein de la famille. Il semble bien que le prix le plus juste — pas forcément le plus bas, mais celui qui correspond le mieux à la valeur de l'animal — soit celui qu'on paie pour un poney de taille moyenne, âgé d'à peu près quatre ans, débourré mais pas encore dressé : si le foyer qui l'accueille est raisonnable, il y sera très heureux et il constituera une monture familiale idéale. Les poneys se développent souvent jusqu'à l'âge de cinq ou six ans et ces cinq ou six premières années sont essentielles pour leur formation aussi bien mentale que physique.

On a pu constater que certaines familles inexpérimentées vont souvent, sans rien connaître aux chevaux, à des foires équines d'où elles reviennent avec un poulain acheté à bon compte qu'on a casé tant bien que mal à l'arrière de la camionnette. La malheureuse petite bête sera laissée pendant quelque temps dans le jardin de la maison, jusqu'au jour où elle sera capable de franchir la barrière, auquel cas elle s'enfuira — et il risque de lui arriver malheur — ou, si elle a de la chance, sera recueillie par un fermier du voisinage qui dispose d'un pré suffisant pour la nourrir. Dès lors, les enfants cessent de s'intéresser au bébé poney qu'ils avaient choyé durant les premières semaines. Mais on voit souvent aussi des gosses, tout fiers de l'acquisition de leurs parents, n'ayant pas la patience d'attendre que l'animal ait grandi, essayer de le monter alors qu'il est encore trop petit : traité comme une bicyclette vivante, souvent affublé d'un mauvais harnais ou d'une mauvaise selle, le malheureux petit poney poussera mal, restera étroit de poitrine et mal développé, avec des jambes défectueuses.

C'est pourquoi l'on ne saurait trop recommander à une famille qui décide d'acheter un poney de n'agir qu'en toute connaissance de cause et, s'il lui manque l'expérience néces-

Pour contrôler la réaction du poney aux aides, et en particulier aux rênes, il faut lui faire prendre toutes les allures.

Page en regard en haut :
Le poney doit se tenir tranquille, à l'arrêt, jusqu'au moment où le cavalier a mis pied à terre.

Page en regard en bas :
Le poney doit se laisser conduire à la longe aussi calmement que lorsqu'il est monté.

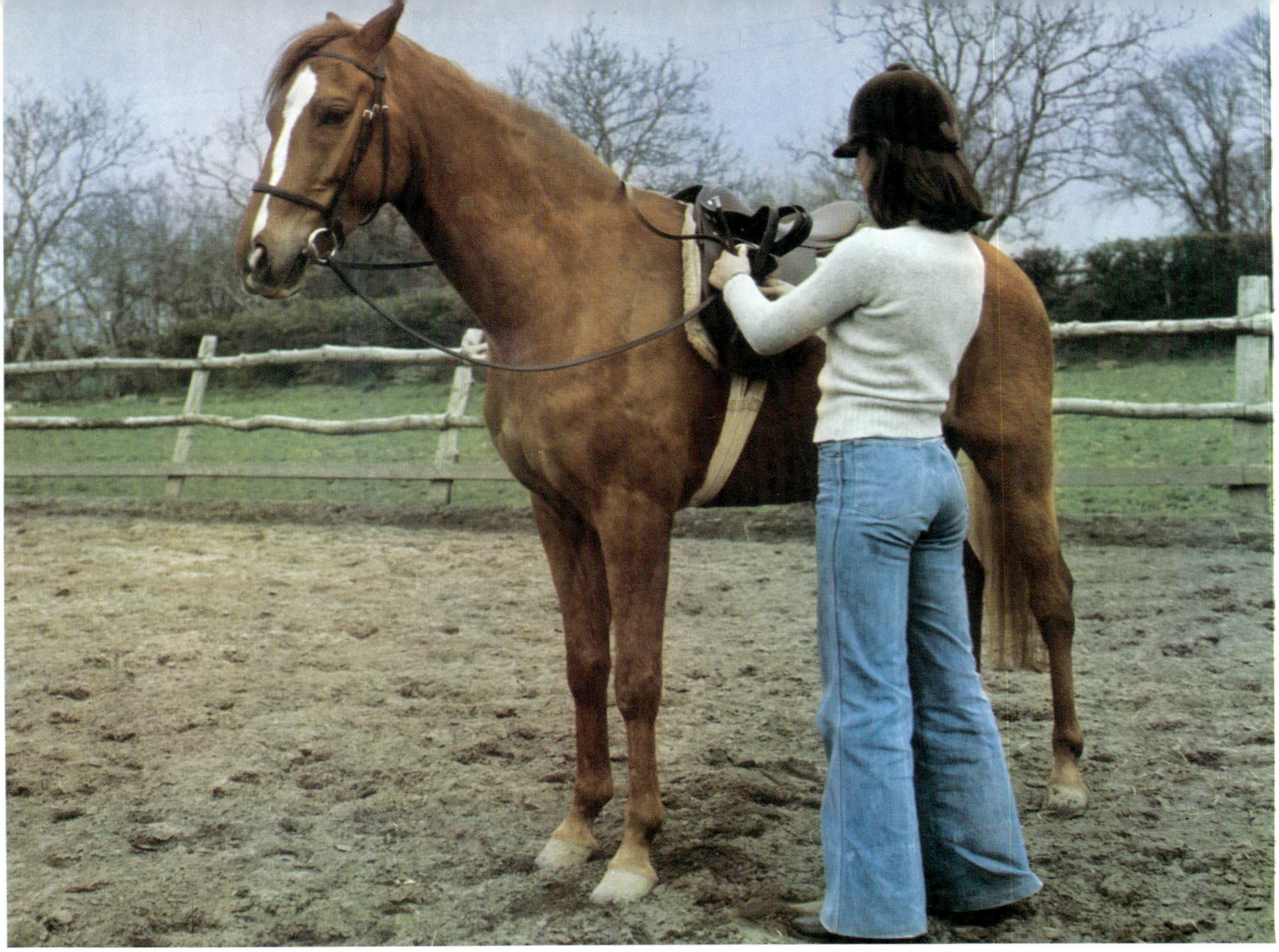

Le poney aura tout avantage à vivre dans une écurie bien fraîche, à l'abri des morsures d'insectes, en tout cas pendant les chaleurs de l'été ; mais la nuit, on pourra le laisser paître en plein air.

Il est essentiel qu'un poney soit suivi régulièrement par un bon maréchal-ferrant. Un fer qui tient mal peut s'avérer très dangereux et faire faire une chute à l'animal en plein trafic.

saire, de s'adresser à des amis plus sagaces et mieux informés. Une autre précaution importante, c'est de bien calculer le budget affecté à l'entretien de l'animal : nourriture, écurie, équipement et harnachement, ferrage, soins vétérinaires. Ne lésinez pas sur ces frais : un poney bien traité et bien soigné vous rendra largement le prix qu'il vous a coûté par les services qu'il vous rendra.

Pour que votre poney soit heureux, il faut que vous disposiez d'un pré herbeux, entouré d'une clôture solide et assez élevée pour que l'animal ne puisse pas sauter par-dessus. Il lui faut en outre un abri qui le protège des courants d'air, des mouches, des moustiques, de la pluie et du froid en hiver, de la chaleur en été. Il est également indispensable de mettre à la disposition de votre poney un seau d'eau que vous nettoierez régulièrement, afin qu'il puisse boire à n'importe quel moment de la journée et qu'il ait toujours de l'eau propre. Placez le seau bien calé dans un pneu de voiture, afin que le poney ne puisse le renverser. Si votre pré est traversé par un ru, rien ne s'oppose à ce que le poney ne s'y abreuve ; mais il faut éviter qu'il boive l'eau d'une mare qui pourrait être polluée et le rendre malade. Les rebords du seau ne doivent pas être tranchants, afin de ne pas blesser l'animal aux jambes au cas où le récipient basculerait. Bien que l'herbe puisse suffire à l'alimentation du poney pendant la plus grande partie de l'année, votre petit cheval aura besoin d'un supplément de nourriture pendant les mois d'hiver : sauf si vous exigez de lui un effort particulier, le foin peut alors convenir, du début des mois les plus froids jusqu'au moment où apparaît l'herbe printanière. Le foin sera empaqueté dans un filet et suspendu à la hauteur des épaules du poney, ni plus haut, ni plus bas. Placé trop haut, le sac de foin risquerait de dégager de la poussière qui se mettrait dans les yeux du poney ; placé trop bas, l'animal pourrait s'y prendre les pattes et trébucher. Lorsque l'été est long et sec, il peut être nécessaire de com-

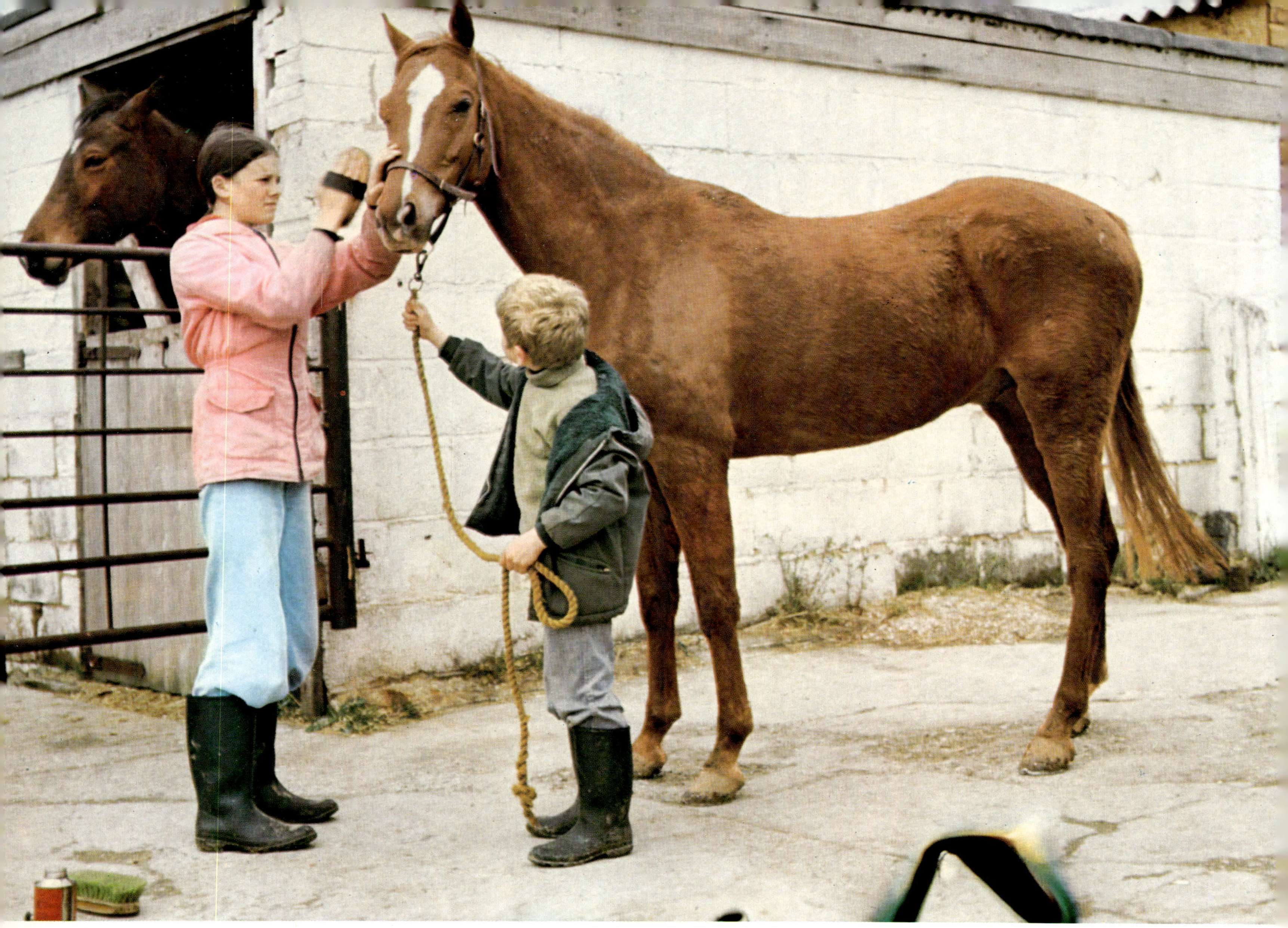

penser l'absence d'herbe fraîche en ajoutant à la boisson des comprimés fortifiants spécialement conçus à cet effet. En hiver, on administrera de temps en temps au poney une bouillie de son chaude, surtout si l'animal a exécuté une corvée fatigante.

Si le poney est mis au repos pour une longue période, il faut lui retirer ses fers. En tout cas, le maréchal-ferrant doit inspecter les sabots de l'animal toutes les cinq ou six semaines pour s'assurer qu'ils sont en bon état. Et vous devez vous-même examiner les pieds du poney jour après jour pour retirer les cailloux et la saleté qui peuvent s'insinuer entre la fourchette et le fer. N'attendez jamais que les fers soient usés et commencent à se détacher avant de les faire remplacer par le maréchal-ferrant.

Un poney qui vit toute l'année en plein air doit avoir une robe d'hiver naturelle assez épaisse : en hiver, s'il a fait une longue trotte qui l'a mis en nage, il faut bien sécher tout le corps de l'animal avant de le remettre dans le pré. Ne vous étonnez pas s'il recherche la partie la plus boueuse de son enclos pour s'y rouler : cela lui assure une protection supplémentaire contre le mauvais temps. Cette habitude vous obligera évidemment à un travail supplémentaire avant de le monter le lendemain : mais il importe de ne brosser que la boue superficielle, pour éviter les petites écorchures qu'elle pourrait provoquer au moment où l'animal sera harnaché et sellé ; la graisse naturelle que produisent les glandes sébacées doit être préservée, car elle sert de protection au poney qui vit en plein air. Après que l'animal a été monté, les parties du corps qui ont été en contact avec la selle et le harnachement doivent être vivement frictionnées, pour réactiver la circulation du sang et prévenir la formation de petites écorchures sur la peau.

Les poneys ont besoin d'un traitement régulier contre les vers ; le vétérinaire prescrira le vermifuge adéquat, dont l'absorption est essentielle à la bonne santé de l'animal. Ramassez régulièrement le crottin ou, s'il est trop sec, dispersez-le au moyen d'un râteau. L'aire dans laquelle se tient votre poney, en plein air ou dans une écurie, ne doit jamais être humide et crottée, faute de quoi l'animal risque d'avoir les talons fissurés : faites-lui une litière de paille épaisse et sèche et, s'il vit la plupart du temps en plein

Il faut panser quotidiennement un poney, en l'attachant par une corde fixée à son collier. En été un bon passage à la brosse, destiné à le débarrasser des crins morts, suffira en général. On commence par la tête et les antérieurs...

Page en regard en haut :
...puis on brosse soigneusement l'encolure et les épaules...

Page en regard en bas :
...pour finir par le dos, les flancs, le ventre, l'arrière-train et les postérieurs.

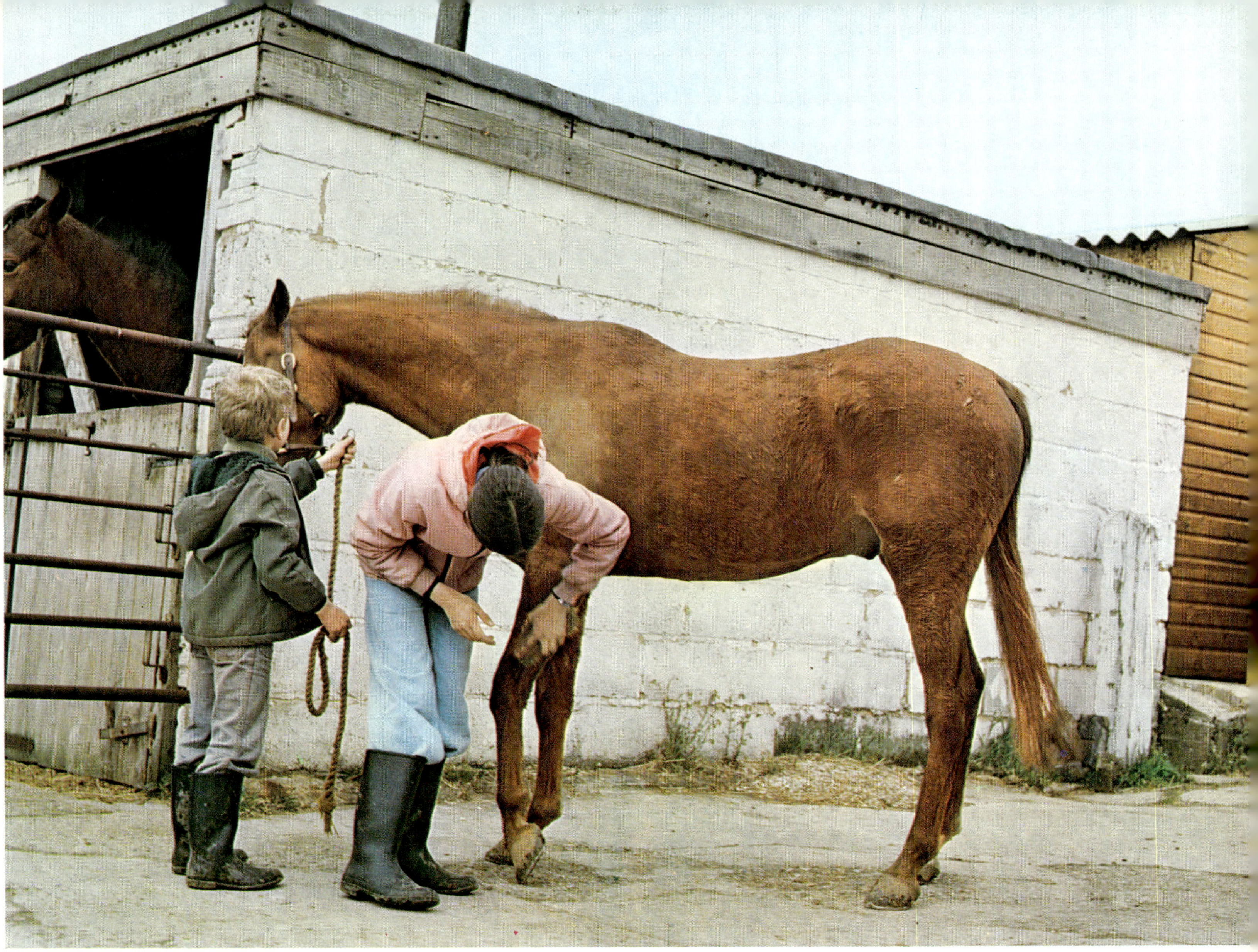

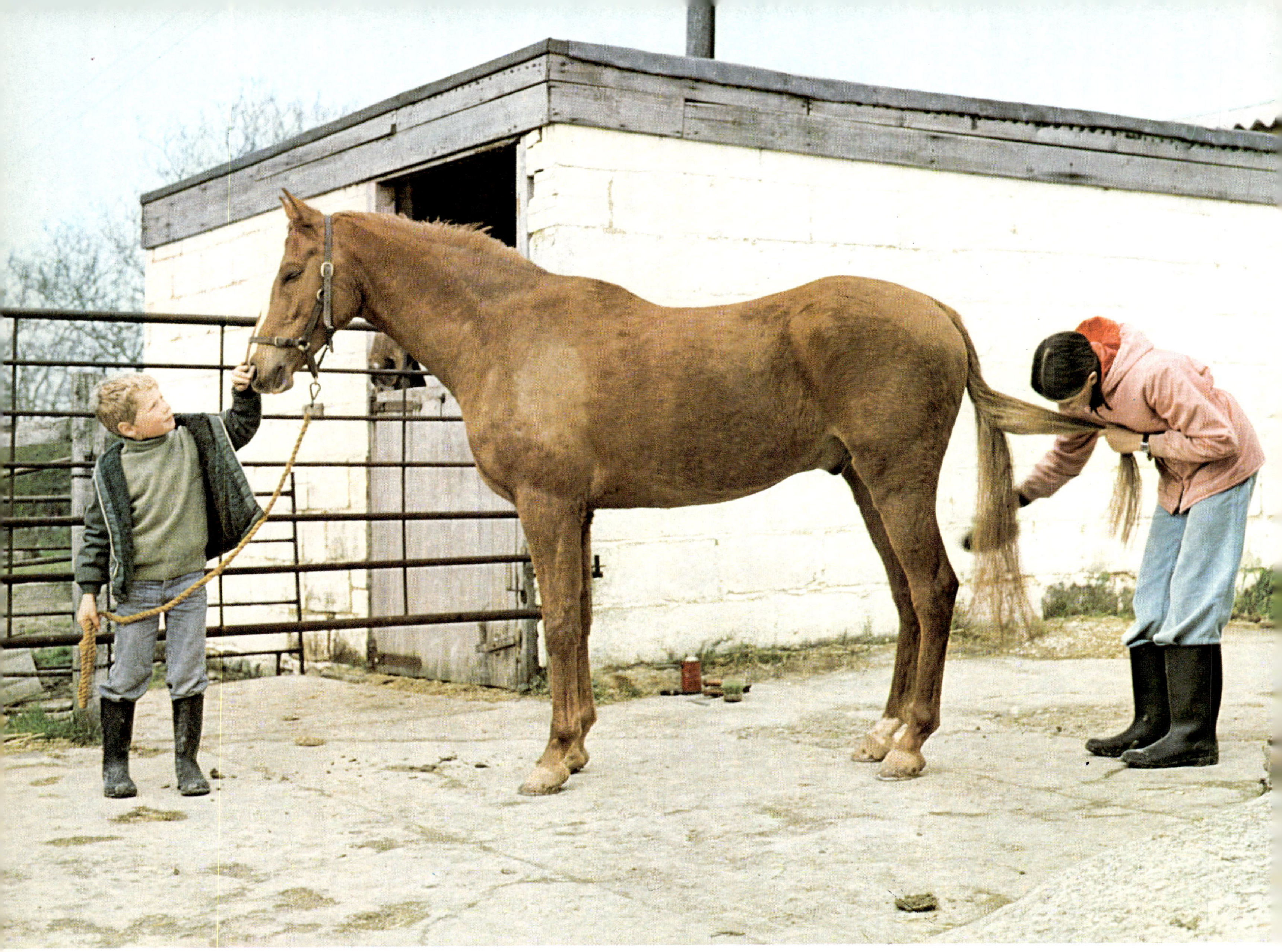

Après quoi, il faut peigner énergiquement la crinière et la queue, brin par brin, puis disposer élégamment la crinière de part et d'autre de l'encolure.

air, inspectez soigneusement le pré pour vous assurer qu'il n'y pousse pas de plantes vénéneuses. Identifiez toute nouvelle herbe, toute nouvelle feuille dont vous remarqueriez la présence : il n'est pas certain que ces nouvelles pousses soient inoffensives.

Beaucoup de poneys sont d'un abord facile, mais quelques-uns restent difficiles à approcher et à seller même après une longue habitude. A ceux-ci il faut mettre un collier de cuir ou de nylon, bien ajusté, avec des agrafes et des fixations qui ne lui fassent pas mal. Dans le cas d'un poney particulièrement timide et ombrageux, prenez l'habitude de l'approcher et de le prendre par son collier à intervalles irréguliers et, surtout, en des circonstances où vous ne le monterez pas mais vous vous contenterez de le caresser ou de lui faire faire quelques pas à côté de vous : ainsi il cessera d'associer votre venue avec l'appréhension de la selle ; au contraire, il saura que vous venez pour lui donner à manger ou pour le panser, et votre apparition lui sera agréable. En général, les poneys aiment la compagnie d'autres équins, car à l'origine, c'étaient des animaux grégaires : néanmoins, tous les poneys ne s'entendent pas bien avec leurs congénères. Si vous avez plusieurs animaux, il importe de les nourrir séparément et de bien distinguer les ballots de foin qui sont destinés à chacun d'eux : les poneys se mordent et se donnent des coups de sabot les uns aux autres à propos de la nourriture. Lorsqu'on amène un nouveau venu dans une écurie ou un pré où paissent déjà plusieurs poneys, on entend de bruyants hennissements et l'on assiste à des semblants de batailles : il faut prendre soin que cela ne dégénère pas en véritable guerre, mais la chose est rare et, le plus souvent, les choses s'arrangent très vite ; en règle générale, le poney est un animal pacifique.

L'essentiel, peut-être, pour la garde d'un poney familial, c'est de s'assurer que les clôtures de son pré sont solides et efficaces, qu'il s'agisse de palissades ou de haies. Les poneys sont de véritables magiciens : ils disparaissent et reparaissent à volonté et la moindre faille leur suffit pour s'échapper. Une clôture assez élevée,

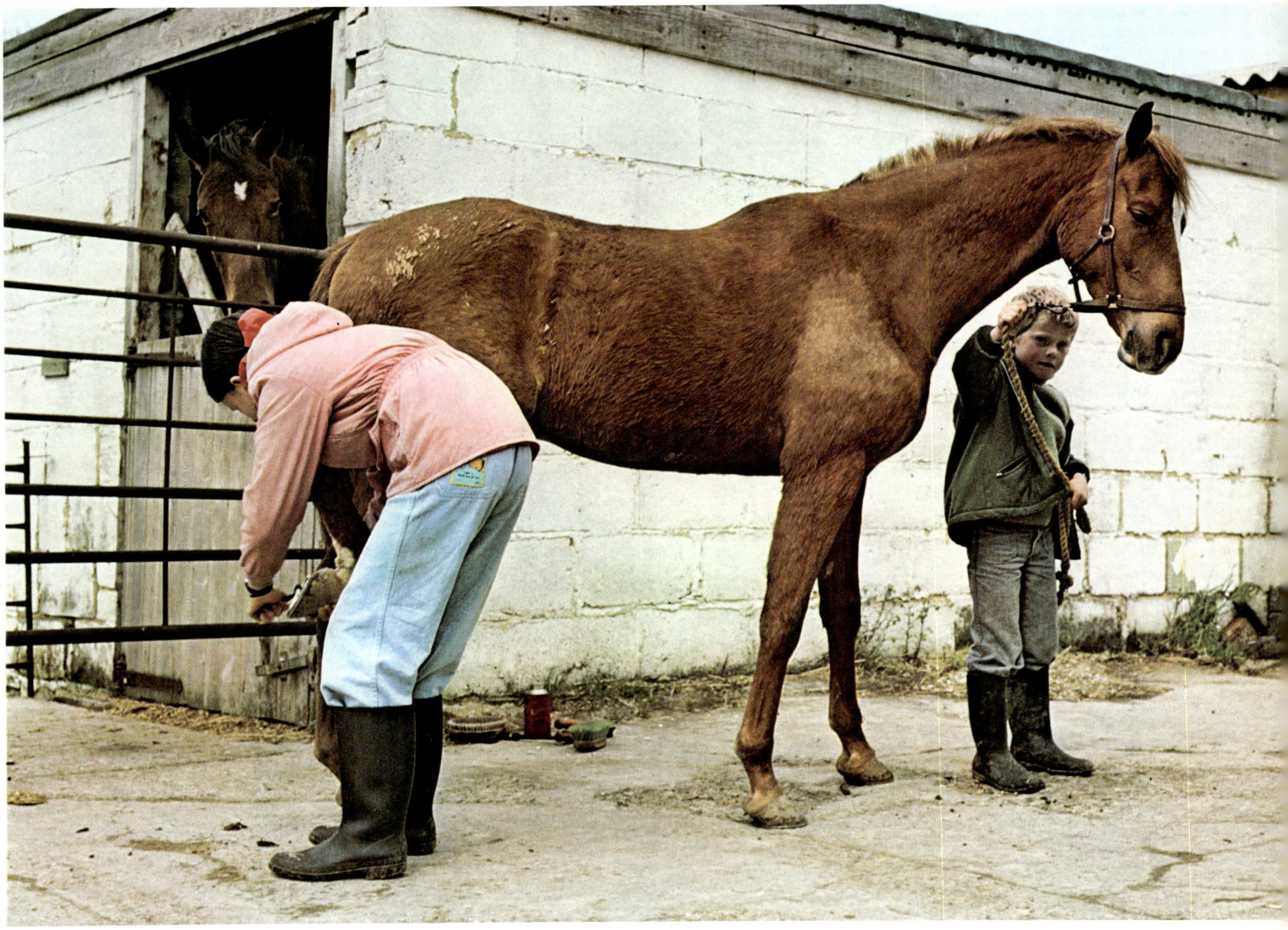

Qu'on le monte chaque jour ou non, il faut examiner quotidiennement les pieds de votre poney ; la première chose à faire quand on rentre, c'est de nettoyer au moyen d'un cure-pied la boue et les cailloux qui se sont insérés entre le fer et la fourchette.

faite de pieux et de barres transversales, est de loin le dispositif le plus sûr, mais cela revient cher, et souvent le propriétaire d'un poney doit se contenter d'une barrière en fil de fer. Celle-ci, barbelée ou non, doit être très bien tendue et fixée à des pieux extrêmement solides. Le fil de fer situé le plus bas doit être à une hauteur suffisante pour que le poney ne puisse pas passer le pied par-dessus et rester coincé une jambe en l'air. Quant aux portillons, ils doivent être également robustes, faciles à ouvrir et à fermer, car il faut souvent les manier d'une seule main pendant qu'on retient de l'autre un poney un peu énervé ! Toutefois, ne poussons pas le tableau au noir : un poney bien nourri restera aisément dans son pré, tranquille et content. Si l'on en a les moyens, la dimension idéale d'un pré serait de près d'un hectare : deux poneys pourraient aisément y cohabiter et disposer de suffisamment d'herbe pour se nourrir toute l'année.

Autant il importe de ne pas sous-alimenter votre poney pendant l'hiver, autant il importe de l'empêcher de se suralimenter en été quand l'herbe est luxuriante. Il est facile de vous assurer que l'animal est en bonne santé : passez la main sur les côtes du poney et faites bouger doucement la chair d'avant en arrière. La chair doit se déplacer facilement et ne pas être dure et tendue. Autre point sensible, la crête de l'encolure : si elle est flasque et mince lorsqu'on la prend en main, c'est que l'animal est trop maigre ; si elle est dure et difficile à déplacer, c'est qu'il est trop gras. Il est extrêmement néfaste pour un cheval nourri d'herbe de prendre trop de poids. Chez certains équins, on constate une affection nommée « fourbure », qui provient de l'obésité : c'est une inflammation du pied qui est très douloureuse, et les poneys gloutons y sont particulièrement exposés ; la fourbure rend l'animal boiteux pour plusieurs mois. La meilleure manière de restreindre la gloutonnerie d'un poney au printemps et au début de l'été, c'est de le confiner à l'écurie durant la journée et de ne le laisser en plein air que la nuit, ce qui lui épargnera en outre les morsures des mouches et d'autres insectes. A l'écurie, il faut veiller à ce

Lorsqu'on selle le poney, il faut placer la selle à la hauteur du garrot, puis la faire glisser vers le bas, pour éviter de prendre les crins à rebrousse-poil.

que le poney ait assez d'eau et, si possible, un bloc de sel à lécher.

En plein air, il est préférable de laisser aux équins leur crinière et leur queue flottantes et peu apprêtées, car ils s'en servent comme de chasse-mouches ; la crinière, si elle est assez longue, protège en outre le cou et les yeux des morsures d'insectes. Néanmoins, il faut brosser régulièrement queue et crinière, pour les tenir propres et en éliminer les crins morts, qu'on retirera en peignant soigneusement à partir des racines (mais jamais en les coupant aux ciseaux). Sauf pour les concours et expositions, il est inutile d'accorder à la queue et à la crinière des soins plus poussés. En revanche, on peut tailler aux ciseaux les fanons sur les boulets : cela rendra plus aisé l'entretien des jambes, surtout lorsqu'elles doivent être nettoyées après une chevauchée dans des chemins boueux.

Pendant qu'on le brosse et qu'on le selle, il est préférable d'attacher le poney qui vit habituellement en plein air. Il ne faut jamais lui donner à manger ou à boire avant la promenade. Au retour, défaites la sous-ventrière mais laissez la selle en place pendant que le poney récupère après la « suée ». A ce moment, on peut lui donner de l'eau à boire, mais si l'animal est en nage, tiédissez l'eau en y ajoutant un peu d'eau chaude. C'est seulement une fois qu'il sera rafraîchi et désaltéré que vous pourrez lui retirer sa selle, le nourrir ou le remettre au vert.

Pour le poney familial qui n'a pas d'autre tâche que de transporter de temps en temps enfants et parents, le régime du plein air est parfaitement adéquat. En revanche, un poney qu'on soumet à des efforts plus exténuants, tels que de longues chevauchées, des chasses régulières ou des épreuves de saut et d'obstacles, doit être gardé à l'écurie, nourri judicieusement et sorti uniquement pour l'exercice. Il doit être complètement tondu en hiver et maintenu en tout temps dans des conditions adéquates, assez sévères. Il faut lui donner des habitudes régulières, s'occuper de lui de façon beaucoup plus attentive qu'on ne traite le gentil animal qui broute dans le pré, le nourrir de rations bien mesurées, le panser à heures fixes et l'exercer chaque jour.

Tout d'abord, chaque matin, il faut sortir le seau de l'écurie, le rincer et le remplir d'eau fraîche et propre. Quand le poney a bu, on lui met le licou et on lui donne un peu de nourriture. La couverture qui le protège durant la nuit doit être réajustée : elle s'est peut-être déplacée, s'être chiffonnée ou le blesser au garrot. Pendant que votre poney prend son petit déjeuner, profitez pour changer sa litière : la paille souillée sera retirée et remplacée par de la paille sèche et propre entassée tout autour de la stalle. Si vous l'y avez bien accoutumé, le poney se déplacera spontanément pendant que vous balaierez le plancher pour en éliminer toutes les saletés. Après cela, vous pourrez le

Après cela, on fixe la sous-ventrière.

détacher et le laisser avec son sac de foin, pas trop rempli. Un peu plus tard, vous pourrez retirer la couverture, que vous aérerez en la posant dehors, la partie qui recouvrait le dos de l'animal au soleil.

Après cela, on procédera au pansage. La saleté qui pourrait être restée de la veille sera soigneusement enlevée au moyen de la brosse de pansage : il faut commencer par la tête, continuer par l'encolure et les épaules, brosser les antérieurs de haut en bas, puis passer sur le dos, l'arrière-train, les flancs et les postérieurs. On traitera ainsi la droite, puis la gauche. Quand cette opération sera terminée, on nettoiera très soigneusement la brosse de pansage ; les poils morts seront jetés à la poubelle. On répétera ensuite toute l'opération avec une brosse douce, pour raffermir les muscles et faire briller la robe. Cette seconde phase s'effectue à grands coups de brosse, en tenant le bras très près de la partie pansée et en faisant porter tout le poids du corps sur la brosse : c'est une opération énergique et fatigante. Tous les six coups de brosse, environ, on passera celle-ci à l'étrille, qu'on tiendra dans l'autre main : elle sera ainsi débarrassée des pellicules et de la poussière qu'elle aura ramassées. Ce traitement est important et il faut apprendre à s'en acquitter correctement, afin de maintenir le poney dans le meilleur état de santé possible tout en améliorant son aspect extérieur.

Il faut naturellement entretenir également crinière et queue de façon régulière. Commencez par débarrasser la crinière des crins morts en la peignant des racines aux pointes ; puis partagez-la en deux parties égales, dans le sens de la longueur, en laissant au niveau du garrot une petite touffe qu'on fera bouffer au moyen d'un peigne. Lorsque vous peignez la crinière, ne prenez que quelques crins à la fois, sinon vous risqueriez de faire mal au poney, qui refuserait de se prêter à l'opération la fois suivante. Il faut peigner ainsi toute la crinière, puis passer encore une brosse pour lisser la couche supérieure de crins. De cette façon la crinière aura toujours l'aspect net et soigné.

On traite la queue de façon analogue. On commencera par la peigner vigoureusement, en partant de la partie charnue et en allant vers le bas, pour éliminer les crins morts. L'extrémité de la queue peut être coupée de telle manière que le bout en soit bien net quand le poney la tient dans une position naturelle. Il importe de brosser complètement crinière et queue jour après jour.

Les soins des pieds sont également essentiels. Soulevez chaque jour les quatre sabots l'un après l'autre et, au moyen d'un cure-pied, enlevez la saleté qui s'est accumulée entre la fourchette et le fer. Le cure-pied étant fort pointu, faites bien attention de ne pas abîmer la sole quand vous vous en servez. Pour soulever le pied

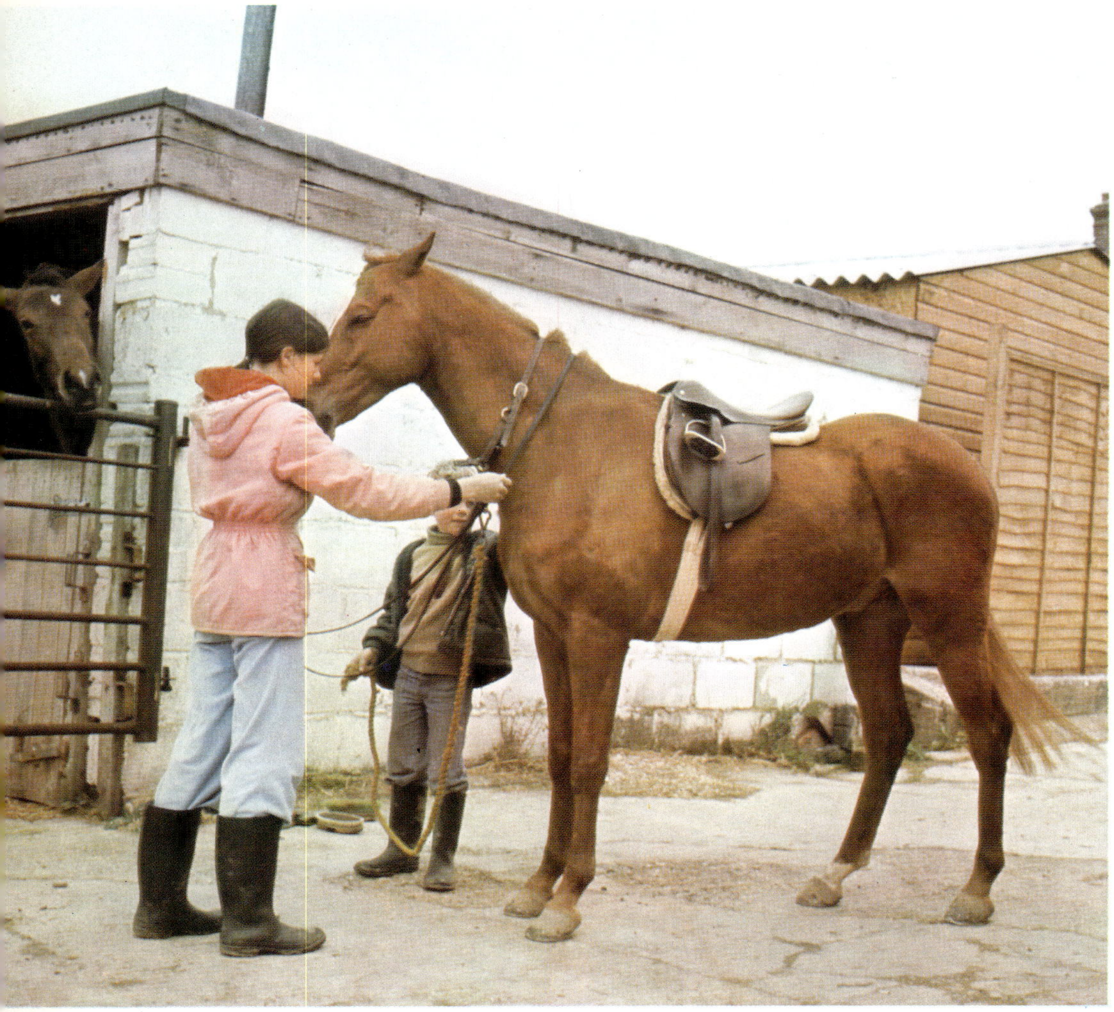

Page en regard, en haut :
Puis les rênes sont passées sur l'encolure du poney et le collier est retiré avant de mettre le mors.

Page en regard, en bas et ci-contre :
Le frontal est passé par-dessus les oreilles, mais la sous-gorge doit rester lâche.

Ci-dessous :
Toutes les courroies doivent être ajustées soigneusement et leurs extrémités bien fixées dans les passants correspondants.

mieux. Dans les deux méthodes, le fer est ensuite cloué et le maréchal-ferrant lime l'excédent de corne qui dépasse éventuellement.

Avant chaque promenade, il peut être bon d'enduire les sabots d'une huile spéciale : la chose est particulièrement nécessaire pour les poneys qui ont tendance à avoir des sabots fendillés. Cependant, le but principal de ce graissage est esthétique : les sabots doivent être bien nettoyés avant d'être huilés.

Lorsqu'on selle le poney, il faut placer la selle plus haut que l'endroit où elle sera fixée définitivement : puis on la fait redescendre doucement jusqu'à la position requise avant de fixer la sous-ventrière ; ainsi la robe n'est pas prise à rebrousse-poil et les crins restent bien lissés. On peut placer sous la selle une couverture qui protège la peau d'un poney très jeune ou très délicat. La sous-ventrière ne doit pas être trop serrée avant que la selle ne se soit échauffée et bien ajustée au dos de l'animal. Après cela, on passe au poney ses rênes, de telle manière qu'on l'aie bien en main tandis qu'on lui retire son collier. Pour fixer le mors, on prend la têtière dans la main droite et, de la gauche, on presse doucement le mors contre les dents du poney jusqu'à ce qu'il ouvre la bouche ; après quoi on passe le frontal par-dessus les oreilles et on

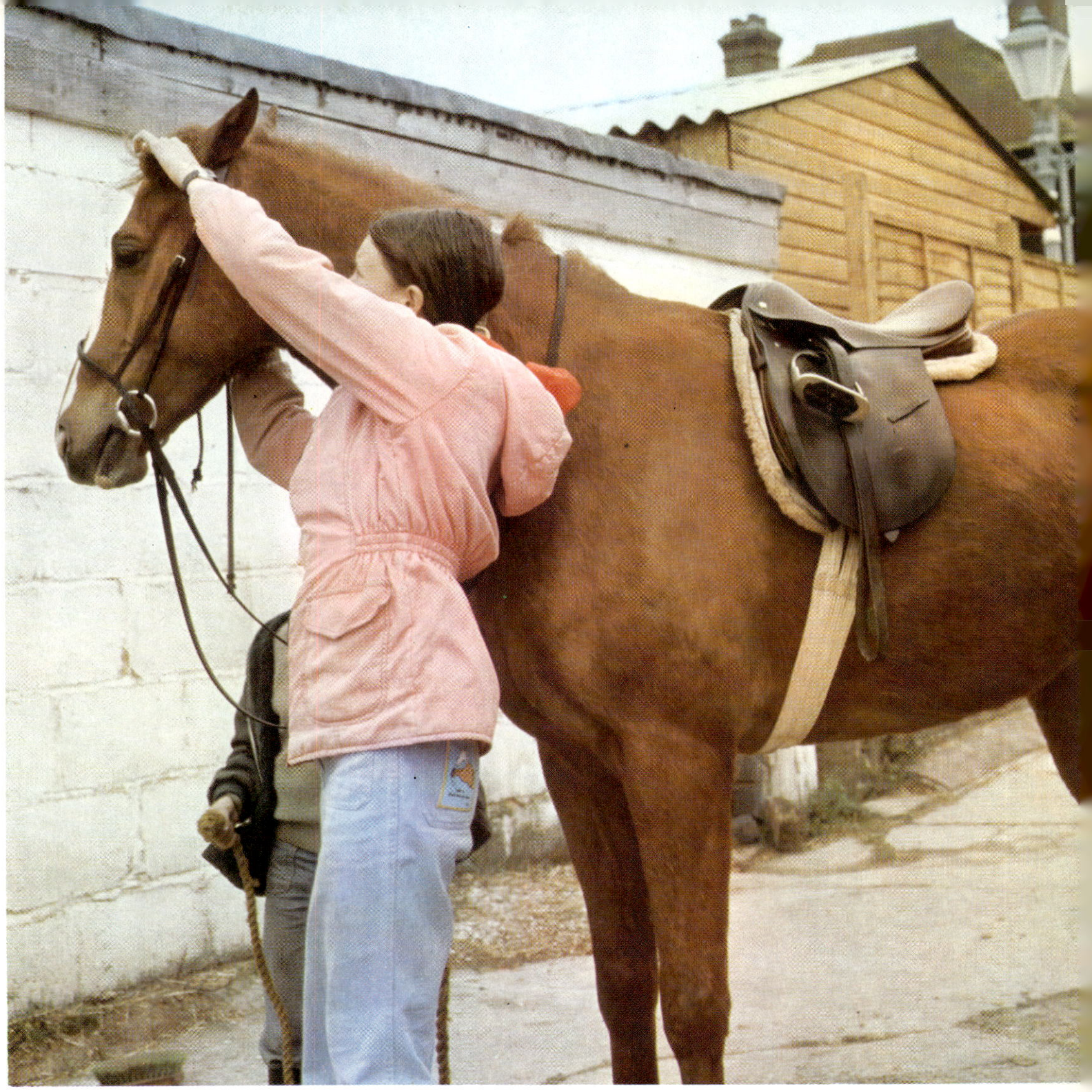

de l'animal, commencez par poser la main sur l'épaule ou sur l'arrière-train, puis laissez-la descendre doucement jusqu'au boulet. Beaucoup de poneys apprennent à lever le pied spontanément dès qu'on effleure leur boulet ; ou bien ils réagissent à la voix quand on leur dit : « Lève le pied. » On tient le sabot dans la main gauche et, de la droite, on gratte avec le cure-pied les deux côtés de la fourchette, en allant du talon à la pointe ; veillez bien à ne pas blesser le tissu tendre et spongieux de la fourchette. Profitez de l'occasion pour bien examiner les fers : ils ne doivent être ni usés ni mal fixés, sinon il serait dangereux pour vous de monter le poney.

Menez votre poney chez le maréchal-ferrant toutes les quatre ou cinq semaines ; si les anciens fers ne sont pas encore trop usés, le maréchal-ferrant pourra néanmoins les retirer, couper la corne excédentaire qui aura poussé, puis les remettre ; si les fers sont usés, il procédera de même mais mettra de nouveaux fers. La meilleure méthode consiste à ferrer à chaud, mais actuellement, la plupart des maréchaux-ferrants préfèrent ferrer à froid. A chaud, le fer est forgé de manière à être ajusté à la taille du pied : à froid, l'on utilise des fers tout prêts, de tailles diverses, en choisissant celui qui convient le

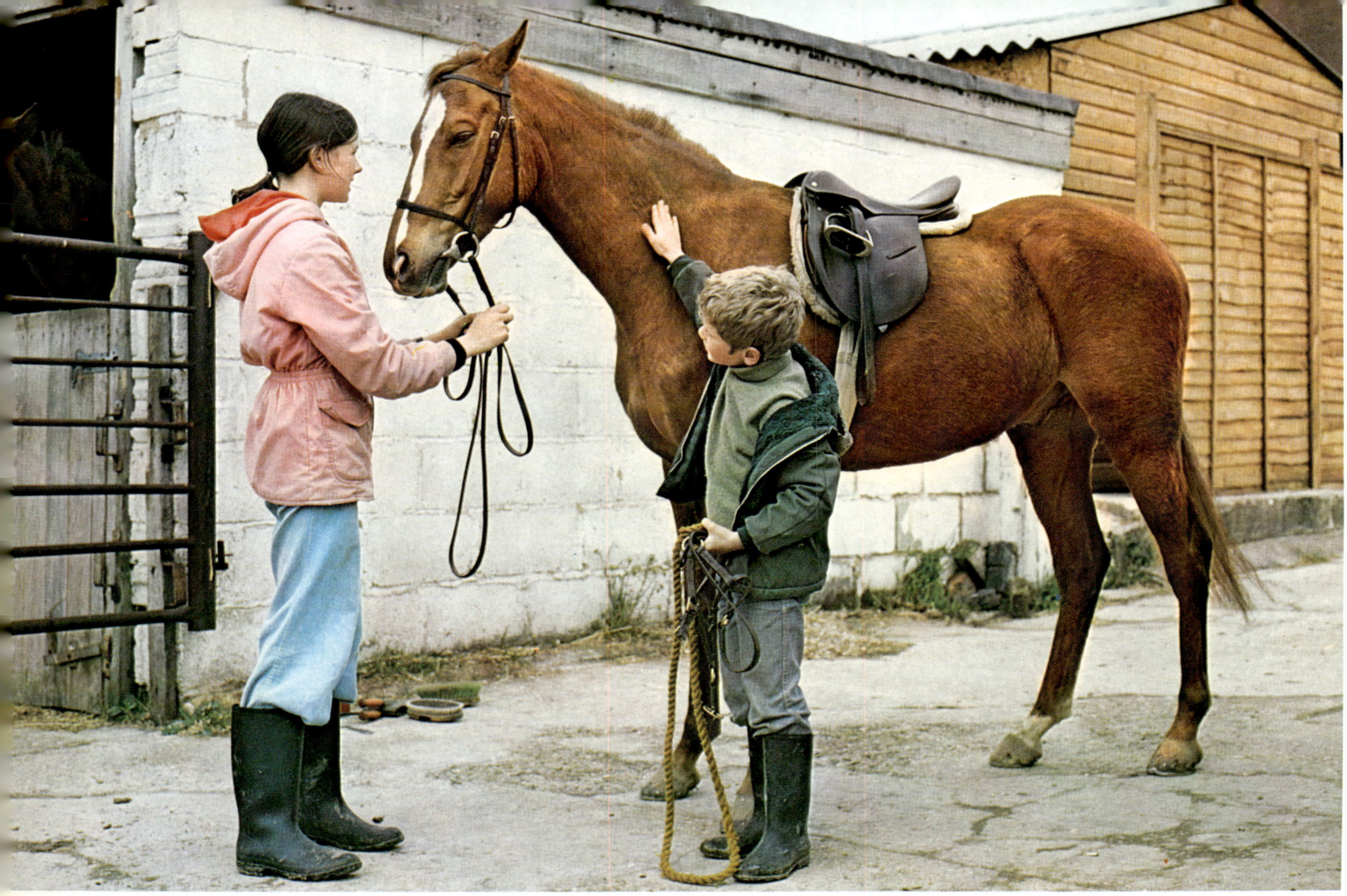

Une dernière inspection, pour s'assurer que le harnachement est bien ajusté et que l'animal n'éprouve aucun inconfort.

fixe l'ensemble, en prenant bien soin que la bride tienne bien en place et que la tête de l'animal ait une position confortable. Aucune des courroies ne doit frotter les oreilles ni les joues du poney et la muserolle ne doit pas gêner la respiration.

Il faut inspecter régulièrement et soigneusement le harnachement de votre poney ; les parties usées seront immédiatement remplacées ou réparées. Sangles et étrivières doivent être très solides, car l'existence même du cavalier en dépend. Réajustez de temps en temps les étrivières, de façon que ce ne soit pas toujours la même partie de la courroie qui passe dans l'orifice de l'étrier, cela évitera l'usure et la fâcheuse aventure que pourrait représenter la perte d'un étrier en pleine action ! Quant aux sangles de la selle, elles méritent une inspection soigneuse jour après jour ; si les coutures sont usées, il faut les faire refaire immédiatement par le sellier. Tout le matériel en cuir doit être lavé pour en enlever la saleté et la transpiration, tout de suite après la promenade ; on le fait sécher, puis on y passe, au moyen d'une éponge humide, un savon spécial pour selles. Séché à nouveau, le harnachement est poli à l'aide d'un chiffon doux. Lorsqu'on nettoie la bride du cheval, il faut d'abord en retirer toutes les agrafes, et prêter une attention particulière aux parties des courroies qui sont soumises à la pression du métal ou passent dans des boucles ; ces parties doivent rester souples et leur usure doit être surveillée. Les rênes doivent également être traitées avec un savon spécial et remplacées dès qu'elles présentent des signes d'usure. Bien conservé, un harnachement peut durer des années, alors que des rênes et une selle mal entretenues sont dangereuses et doivent être souvent remplacées, à grands frais.

Il faut également prendre soin des couvertures du poney et les aérer chaque jour. Pour la nuit, on pourra user d'une couverture de jute qu'on aérera pendant la journée, et pour le jour d'une couverture de fine laine qu'on aérera la nuit. Il faut bien brosser ces étoffes pour en enlever les crins qui s'y attachent. Par temps très froid, et après avoir été tondu, le poney aura droit à une couverture de laine supplémentaire.

Après sa promenade matinale, le poney ne devrait pas regagner son enclos ou son écurie en nage : pour éviter cela, il suffit de le mener au pas pendant les derniers cinq cents mètres. Néanmoins, les poneys très jeunes ou très fougueux sont difficiles à tenir en main et il arrive qu'ils se mettent au trot et arrivent à la maison en sueur : en pareil cas, après avoir nettoyé les pieds de l'animal dans la cour, il faut le mener à l'écu-

A l'écurie, le poney dont la robe est fine peut avoir froid ; et au retour d'une promenade, il risque de s'être échauffé, aussi, après l'avoir bouchonné, faut-il lui mettre une couverture sur le dos.

rie et le bouchonner avec un tampon de paille ou de foin, sans oublier les oreilles, qu'on séchera avec l'époussette, puis on lui remettra sa couverture. On évitera de lui faire boire trop d'eau, et celle-ci sera tiédie. Plus tard, il recevra sa ration de foin puis se reposera le reste de la journée ; en fin d'après-midi, toutefois, on pourra nettoyer l'écurie et faire reprendre au poney un peu d'exercice, après quoi on le pansera à fond et on lui redonnera un repas avant de le préparer pour la nuit.

Les besoins alimentaires varient beaucoup d'un poney à l'autre et il est impossible de fixer des règles générales à cet égard. Il existe, selon les pays, des mélanges de céréales et des graines qui conviennent très bien à certains animaux, moins bien à d'autres. En tout cas, tous les équins ont besoin d'une assez grande quantité de nourriture et il est préférable de leur administrer une série de petits repas plutôt qu'une ou deux grosses rations. Un poney en bonne santé ne doit être ni trop maigre ni trop gras, il doit être gai et alerte et présenter une robe bien luisante. La plupart des poneys mangent beaucoup de foin ; celui-ci doit être frais et sentir bon, n'être ni moisi, ni poussiéreux. On peut aussi donner à l'animal un mélange de foin et de paille finement coupée, ainsi que de la bouillie de son : celle-ci se prépare en recouvrant le seau d'eau bouillante

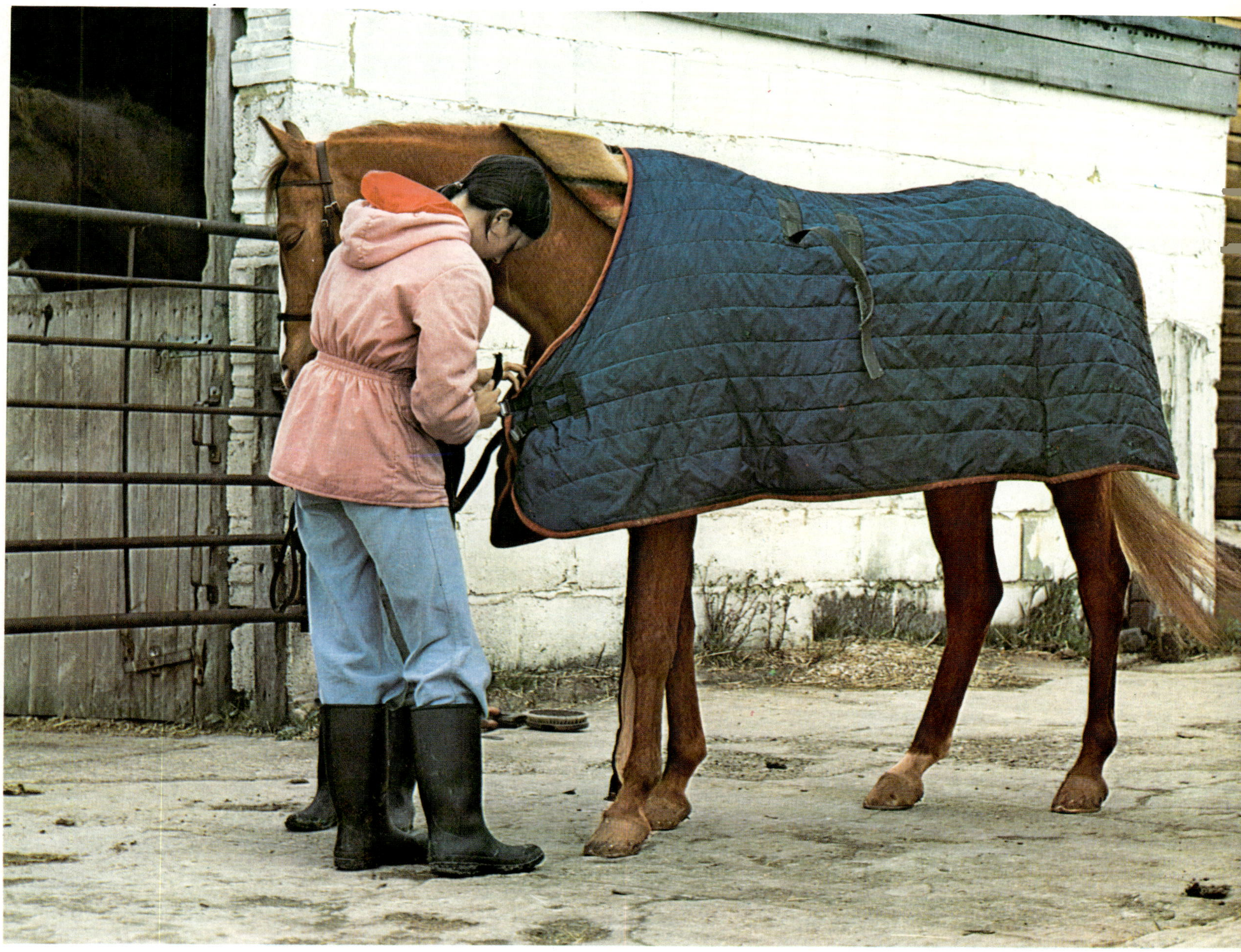

Après lui avoir prodigué ces soins, il convient de donner à l'animal une tape affectueuse, comme chaque fois qu'on a requis de lui de la patience : ainsi on l'habitue à se plier aussi bien aux soins qu'au harnachement.

Page en regard, en haut :
Il faut bien s'assurer que la couverture est en place et recouvre le garrot et le dos.

Page en regard, en bas :
Par-dessus la couverture, on peut fixer un manteau ajusté par une courroie, afin que le poney puisse bouger sans risquer de le perdre.

et en le laissant ensuite refroidir.

Apathique et présentant une robe terne, un poney souffre vraisemblablement de parasites internes : en recueillant un échantillon de crottin et en le portant au vétérinaire, on pourra s'en assurer et se faire prescrire le vermifuge adéquat, qui sera mêlé à la nourriture de l'animal. Certains poneys, en pareil cas, se montrent méfiants et refusent leur picotin : il ne faut pas hésiter, alors, à affamer l'animal qui, au bout de peu de temps, acceptera sans difficulté sa pitance (surtout si, outre le remède nécessaire, on y ajoute un peu de sucre brun). Un poney peut aussi refuser de s'alimenter quand il a la bouche douloureuse, ce qui peut se produire si ses dents poussent de travers : il faut alors demander au vétérinaire de l'examiner et, dans de très rares cas, il peut être nécessaire d'arracher une dent. Mais souvent il suffit de limer la dent responsable des blessures de la gencive, et l'animal recommencera après cela à se nourrir comme il faut.

Il arrive aussi qu'un poney s'enrhume, ce qu'on constate à ses yeux chassieux et à ses naseaux humides ; les poneys qui vivent en plein air sont moins sujets au rhume que les autres. Il suffit souvent de bien éponger nez et yeux, mais en cas d'aggravation, n'hésitez pas à appeler le vétérinaire ; et, bien entendu, évitez de monter le poney malade et de le faire sortir. La toux sera traitée au moyen d'un sirop qu'on ajoute à la nourriture. La mélasse et le miel donnent aussi de très bons résultats.

Le dressage et les concours

Si vous désirez tirer de vos promenades à cheval le maximum de plaisir, il est indispensable de connaître les éléments fondamentaux de l'équitation, et en particulier l'emploi des aides : c'est seulement ainsi que vous pourrez amener votre poney à donner le meilleur de lui-même. D'autre part, observez soigneusement l'animal et notez bien de quelle façon il marche, il trotte, il galope et il saute. Vous saurez ainsi comment vous pouvez l'aider en tout temps à exécuter ces mouvements souplement et confortablement, pour son bien et pour le vôtre. La plupart des poneys marchent bien, à longues foulées bien balancées, les oreilles droites et en regardant de leurs yeux grands ouverts tout le paysage qui les entoure. C'est un plaisir de monter un animal de ce type, car il n'exige de votre part aucun effort.

On peut décemment penser qu'un poney dont le pas est souple et régulier sera également bon au trot et au galop ; en revanche, un poney léthargique au pas risque fort de trotter et de galoper mal.

Chez tous les équins, c'est l'action des épaules qui commande l'allure. En choisissant votre poney, veillez à ce qu'il ait les épaules tombantes et effacées : c'est ce genre d'épaules qui permet l'allure souple à longues foulées. Un poney aux épaules raides aura tendance à s'aider des genoux, ce qui lui conférera, à toutes les allures, une démarche saccadée, avec des foulées courtes, ce qui est épuisant pour lui et pour son cavalier. Chaque pied doit être levé de façon bien distincte, avec fermeté et décision ; le poney ne doit pas traîner les sabots ni les frotter l'un contre l'autre. Si toutefois ce défaut s'observe chez un poney très jeune, on pourra le corriger

La longe est attachée au caveçon fixé à la tête de l'animal, pour l'encourager à sauter par-dessus une série de chevalets placés en cercle : on enseigne ainsi la souplesse et la précision au poney, avant de passer au saut proprement dit.

Page en regard :
Remarquablement bien dressé, ce poney s'élance avec fougue, tandis que son cavalier garde le contact grâce à un excellent jeu des rênes.

au débourrage, en le faisant marcher sur un sol très dur. Il importe aussi de veiller à son alimentation.

C'est le trot qui permet le mieux de tester les aptitudes d'un poney, car c'est à cette allure qu'on distingue le plus nettement si la démarche de l'animal est souple, s'il se déplace de façon rectiligne, s'il « fauche » ou s'il « se coupe ». On dit d'un cheval qu'il « fauche » quand, au trot, il a tendance à lancer le pied en dehors, et qu'il « se coupe » quand il a tendance à le lancer en dedans ; dans les deux cas, le cavalier manque de confort et, quand le poney « se coupe » il court un danger réel, car le poney risque de se faire un croc-en-jambe à lui-même, de trébucher et même de tomber avec son cavalier. D'autres parties de la jambe, par exemple le genou ou le boulet, peuvent se toucher pendant la marche si le poney est mal conformé ; on pallie ces défauts en ferrant l'animal avec des fers spéciaux, mais il arrive aussi que les vices de conformation s'atténuent lorsque le poney grandit. Si l'on fait trotter un poney sur une route au revêtement très dur, on se rendra compte immédiatement de n'importe quelle espèce de boiterie : non seulement l'action sera défaillante, mais la cadence irrégulière du poney se manifestera au bruit des pas.

Au pas, les membres du poney se soulèvent en quatre temps, selon la séquence suivante : postérieur gauche, antérieur droit, postérieur droit, antérieur gauche. Au trot, l'animal avance par diagonaux, en deux temps, le postérieur gauche et l'antérieur droit se déplaçant ensemble et vice versa ; une brève période de suspension sépare les deux mouvements. Le trot, comme le pas, peut être ordinaire, raccourci ou allongé ; dans certains pays, on apprend aussi aux chevaux à trotter l'amble, en déplaçant non pas les bipèdes diagonaux mais les bipèdes latéraux (antérieur et postérieur du même côté avançant à la fois). L'amble est une allure non naturelle mais elle passe pour être moins fatigante et permettre à l'animal de couvrir de plus longues distances. Le trot naturel est une bonne allure pour le poney d'attelage et permet de progresser rapidement et de manière économique. Mais il est intéressant de noter que le poney à l'état sauvage trotte rarement : il préfère aller au pas ou galoper, à l'exception des poneys de Dartmoor et d'Exmoor, qui trottent souvent en troupeau.

Au trot, le cavalier peut adopter deux positions : il peut être *assis*, ce qui lui permet un contact étroit avec l'animal et une bonne maîtrise des

mouvements de celui-ci ; mais cette position peut être fort inconfortable si le poney a une action courte et hachée, ainsi qu'au trot allongé ; en revanche, elle est agréable si le trot est souple et lent. L'autre position, dite *« trot enlevé »*, ou « trot à l'anglaise » consiste, pour le cavalier, à se soulever légèrement de la selle lors de la première battue et à se laisser aller sur la selle à la seconde ; avec un peu de pratique, ce mouvement s'effectue sans effort et gracieusement. Quand le cavalier reprend contact avec sa selle au moment où l'antérieur droit et le postérieur gauche se posent sur le sol, on dit qu'il trotte sur le diagonal droit ; si au contraire il s'assied au moment où c'est l'antérieur gauche et le postérieur droit qui touchent le sol, il trotte sur le diagonal gauche. Certains poneys marquent une nette préférence pour l'une des deux manières et ils se cabrent ou rompent

Un dressage soigneux est indispensable pour les jeunes poneys. On voit ici des rênes improvisées au moyen d'une simple longe, pour apprendre à l'animal à baisser la tête correctement.

Avant la présentation, on a non seulement natté queue et crinière mais bandé soigneusement les jambes, pour prévenir les chocs éventuels dans la remorque.

l'allure lorsqu'on essaie de leur imposer l'autre diagonal. Mais un poney bien dressé accepte indifféremment de trotter sur les deux diagonaux.

Le trot est l'allure la plus rapide qu'on puisse imposer à un poney sur une route à revêtement dur si l'on veut épargner ses jambes. Ce peut être un excellent exercice, en revanche, de faire trotter un poney à la montée, à condition que l'allure ne soit pas trop rapide ; cela l'aide à se faire des muscles. Et quand on dresse de jeunes poneys à la longe, il faut les faire trotter selon un trajet circulaire, pour développer leur souplesse et leur équilibre. On peut aussi leur faire sauter des obstacles faciles (chevalets bas), toujours au trot, pour leur apprendre à plier les genoux correctement.

Le galop est l'allure la plus difficile pour poney et cavalier. On distingue le galop modéré, ou *canter*, du galop rapide. Le canter est une allure à trois temps : le bipède latéral droit (antérieur droit et postérieur droit se déplaçant ensemble) dépasse en avant le bipède latéral gauche, l'ordre étant alors le suivant : postérieur gauche, bipède diagonal gauche (postérieur droit et antérieur gauche) puis antérieur droit. On dit alors que le cheval galope à gauche, car c'est en fonction de la jambe antérieure qui frappe le sol la première que l'allure est désignée. Lorsqu'on fait galoper un poney en décrivant des cercles, il galope en général du côté de l'inté-

Avant le concours, le poney est préparé avec grand soin : queue et crinière sont nattées et les sabots huilés.

rieur, ce qui lui permet de conserver un meilleur équilibre. Ainsi un poney qui galope en tournant vers la gauche doit galoper à gauche et on dit alors que son galop (ou son canter) est *uni* ; mais il arrive aussi qu'il fasse le contraire (c'est-à-dire qu'il tourne vers la gauche mais galope à droite) auquel cas on parle d'un galop désuni, allure fort inconfortable pour le cavalier. Avec une monture bien dressée, toutefois, le canter est un véritable plaisir : le cavalier apprend alors à bien se tenir en selle, à détendre le dos et à laisser son corps pivoter légèrement, de manière à épouser le rythme du cheval. Certains poneys d'humeur indépendante profitent de la relative liberté dont ils disposent au canter pour essayer de ruer, de faire un « saut de mouton » comme au rodéo ou même de désarçonner leur cavalier ; aussi importe-t-il pour ce dernier de ne jamais perdre le contact avec la bouche du cheval pour garder une maîtrise totale de l'animal. Un poney bien dressé ne devrait se permettre aucun mouvement étranger au galop.

Le galop proprement dit, ou galop de course, est l'allure la plus rapide qu'un équin puisse adopter ; contrairement au canter, il se pratique à quatre temps (postérieur gauche, postérieur droit, antérieur gauche, antérieur droit). Aucun poney n'est capable de conserver cette allure très longtemps. Au galop de course, le cavalier soulage sa monture de son poids en portant son corps en avant et en se maintenant principalement par la pression de ses genoux contre les flancs de l'animal.

On apprend au poney à bien garder l'allure, quelle qu'elle soit, ainsi qu'à passer sans à-coups d'une allure à l'autre, que ce soit en accélérant ou en ralentissant. Davantage que tout

Un concours pour enfants : deux jolis poneys gris, montés, font une démonstration de canter (galop ralenti).

autre équin, le poney a tendance à s'exciter, surtout lorsqu'il voit d'autres animaux, et cela peut être désagréable pour le cavalier : aussi le dressage est-il particulièrement nécessaire aux jeunes poneys. Le dressage s'effectue soit à la longe, soit avec cavalier en selle. Il faut éviter que le poney ne s'ennuie ou ne se lasse ; aussi ne doit-on jamais lui enseigner plus d'un mouvement à la fois, et il faut le récompenser lorsqu'il a bien appris sa leçon. Une fois le mouvement ou l'allure bien maîtrisée, on ramène le poney au pré ou à l'étable ; on vérifiera le lendemain si l'enseignement a été bien enregistré. La plupart des poneys ne détestent nullement le dressage, surtout lorsqu'on les traite bien, qu'on les panse bien et qu'on les nourrit bien.

Le poney, en général, saute naturellement bien, et c'est là une aptitude à développer. Du reste, davantage encore que les leçons de pas, de trot ou de galop, les poneys aiment apprendre à sauter. On commence par leur faire franchir une barre posée à terre : il ne s'agit pas encore de saut, mais l'animal s'habitue ainsi à passer calmement l'obstacle. Pour cela, le poney devra déjà être dressé au pas, au trot et au galop, et sa démarche devra être tout à fait souple. Après cela, on entraîne progressivement le poney à franchir des chevalets réglables, dont la hauteur variera de 25 à 35 puis à 45 centimètres. On enseigne d'abord au poney à franchir ces obstacles en le conduisant à la longe, puis en le montant. Le dressage apprend à l'animal à bien rassembler ses jambes en vue du saut et à juger de la distance entre les obstacles ainsi, bien entendu, que de leur hauteur. Dès le début, il faudra lui apprendre à sauter avec style, en incurvant le dos en une ligne convexe. Un poney qui saute tête haute et dos rectiligne doit dépenser beaucoup trop d'énergie et il ne pourra jamais sauter très haut, car il est probable que ses postérieurs s'abaisseront pendant le saut. Au cours du dressage, il ne faut jamais exiger du poney un saut supérieur à ses capacités : l'animal ne se plaît à cet exercice qu'aussi longtemps qu'il n'a pas peur ou ne risque pas de se faire mal. Au dressage à la longe, il est exclu de demander à un poney de sauter plus d'un mètre de haut. Quand on aura réussi à lui faire franchir cette hauteur, il faudra reprendre le dressage dès le début, mais cette fois avec un cavalier en selle, et remettre le chevalet à 25 centimètres de hauteur. Lors de ce second dressage, il importe que le cavalier soit très bien en selle et qu'il ne tourmente pas la bouche du

poney pendant que celui-ci saute. On peut passer une courroie autour de l'encolure de l'animal : ainsi le cavalier s'y accrochera pendant le saut pour éviter de tirer sur le mors.

Toutes les leçons, aussi bien celles de pas, de trot et de galop que celles de saut, doivent être assez brèves et très progressives, pour éviter que le poney ne se fatigue ou ne s'ennuie ; cela est particulièrement important pour les très jeunes poneys, qu'on risquerait de décourager définitivement si on les faisait travailler trop dur. Par la suite, on variera les obstacles, tant pour distraire l'animal que pour lui apprendre à « négocier » n'importe quelle haie ou n'importe quel fossé, bien visible ou tant soit peu caché, large ou étroit, de type courant ou inhabituel, sans se cabrer ni rompre son allure.

Il peut être à la fois intéressant et gratifiant, pour un propriétaire, de présenter son poney à un concours ou à une exposition, mais cela n'est possible que si l'animal — et son cavalier ! — sont parfaitement dressés et soigneusement préparés pour l'épreuve. Au concours, on jugera le poney tant sur sa conformation que sur son école aux différentes allures,

Le jury juge de la conformation et de l'action du poney : ici, il demande au jeune présentateur de faire une démonstration des allures de son animal.

Une présentation impeccable, digne d'une récompense ! Cette jeune dame a fait une démonstration de la façon correcte de monter en amazone, et son poney, bien harnaché et bien natté, poil luisant et tenue fière, mérite tous les éloges.

mais l'adresse et l'assiette du cavalier jouent un rôle équivalent. La tenue vestimentaire du cavalier doit se conformer à certaines normes ; le harnachement du poney est naturellement aussi soumis à des règles. Certains mors, certains autres accessoires sont interdits : il faut très bien connaître le règlement avant de se présenter à un concours si l'on veut éviter les déceptions, les frais et les déplacements inutiles.

L'obéissance et un bon dressage sont les qualités premières d'un poney de concours. Naturellement, l'animal doit être bien nourri et se présenter élégamment ; son poil doit être luisant, ses sabots nets et brillants s'il désire attirer l'œil du jury. Et surtout, votre poney doit avoir ce que, chez un acteur, on appelle « de la présence » — c'est-à-dire, en somme, du charme — outre, bien sûr, un très bon maintien. Avant le concours, vous lui aurez fait prendre beaucoup d'exercice et vous aurez encore amélioré son alimentation. Vous peignerez soigneusement sa crinière et sa queue pour en éliminer tous les crins morts ; vous enlèverez aussi les poils superflus qu'il porte au menton ou autour des chevilles. La veille du concours, l'animal sera étrillé, lavé et séché ; le matin même, vous tresserez la queue et la crinière et vous les attacherez avec un long ruban. Après un dernier pansage très complet, vous enroulerez des bandages spéciaux à la racine de la queue et autour des jambes. Le collier, bien fourbi, sera muni d'une corde solide et, avant le voyage, vous mettrez une

Un magnifique Cob alezan devant ses juges : il s'agit d'un étalon présenté ici à la main.

Ci-dessous :
Le trot est peut-être l'allure qui permet le mieux d'observer l'action du poney. On voit ici un Cob trotter devant le jury, avec une liberté d'action et un style remarquables.

légère couverture sur le dos de l'animal.

Vous aurez préalablement appris à votre petit cheval à monter dans une remorque sans faire de manières ; s'il regimbe, demandez à quelqu'un de vous aider, mais il suffit souvent de donner un léger coup de balai sur son arrière-train pour le décider. On peut aussi attacher une longe aux postérieurs et demander à deux assistants de la tenir pour l'obliger à monter dans la remorque. Après quoi, vous le récompenserez en lui faisant une caresse et il sera détaché une fois les portes arrière refermées.

Sur le terrain de parking, avant le concours, installez si possible la remorque à l'ombre, puis faites descendre le poney, pansez-le à nouveau, huilez ses sabots, harnachez-le et faites-lui faire un petit tour pour le mettre en forme.

A l'ouverture du concours, poney et cavalier pénètrent dans l'arène ou sur la piste ; en général, les concurrents reçoivent un numéro et doivent s'y conformer. Prenez bien soin que votre poney soit libre de ses mouvements et tenez-le à distance des autres animaux qui menacent de lui donner des coups de sabot ou de le taquiner d'une façon ou d'une autre. Un huissier indique aux concurrents à quel moment ils doivent aller au pas, trotter ou galoper : prenez bien garde de toujours suivre le pourtour de l'arène et de ne pas laisser votre poney couper les angles, car il serait disqualifié.

On présente souvent les poulains avec leur mère, à laquelle ils sont attachés par une longe qui tient à leur collier.

Le jury appelle ensuite les poneys les uns après les autres ; dans certaines compétitions, on demande aux cavaliers de mettre pied à terre et de retirer la selle pour que le jury puisse mieux se rendre compte de la conformation de l'animal. D'habitude, on le fait tourner, on le fait trotter en montrant son arrière-train au jury, puis revenir vers le jury, au trot également : cela permet de juger de la rectitude de son action. Dans d'autres concours, poney et cavalier doivent se livrer à des exercices d'école : cercles ou huit exécutés au galop, changement des diagonaux au trot, etc. Le jury peut aussi s'assurer de la maîtrise du cavalier en lui demandant de faire reculer ou tourner l'animal au moyen des rênes.

Certains concours, accessibles à des poneys moins bien conformés, attribuent des qualifications aux animaux de trait ou de chasse. On leur demande alors des manœuvres plus simples : passage de portes fermées, que le cavalier doit ouvrir sans mettre pied à terre ; franchissement d'obstacles faciles mais inhabituels. D'autres concours sont réservés aux dames qui montent en amazone ; certaines compétitions ne concernent que des poneys de types spéciaux : jeunes animaux non débourrés, juments poulinières ou étalons. Dans ce cas, le jury examine l'animal non monté et, parfois, non harnaché.

Nous n'avons, jusqu'ici, parlé que du dressage courant et des concours destinés à juger de la constitution et des capacités de l'animal. Il existe, bien sûr, un dressage plus intensif, comportant une certaine part de virtuosité, et, pour couronner ce type d'entraînement, des courses spéciales, bien connues des spécialistes, les unes ne durant qu'une seule journée, mais les plus importantes consistant en une épreuve qui dure trois jours : le *Three-day Event* auquel on conserve souvent son nom anglais parce qu'il a pris naissance en Grande-Bretagne. L'épreuve de trois jours comporte un cross-country le premier jour, une course d'obstacles le second et une démonstration de virtuosité le troisième. Dans cette dernière épreuve, le poney doit exécuter élégamment tous les mouvements qu'on lui demande et cela, sans que le jury ni l'assistance

Pour présenter les poneys à la main, des brides spéciales, en cuir d'excellente qualité, sont recommandées : elles ont meilleure apparence et assurent au propriétaire une bonne maîtrise de leur animal.

ne perçoive la moindre commande du cavalier ni le recours aux aides. Même au repos, l'animal doit être prêt à répondre au moindre signe.

La plupart des poneys sont capables de subir un dressage intensif et, de ce fait, de mieux réagir aux commandes de leur cavalier. A l'arrêt, on enseigne au poney à adopter la position que le fameux maître d'équitation Baucher appelait le *ramener* : immobilité totale, les quatre jambes bien droites mais sans aucune roideur, l'animal prêt à se mouvoir dans n'importe quelle direction. Le *pas ordinaire* est libre, sans contrainte ; le poney se déplace de façon calme et résolue, avec quatre battues bien régulières et espacées. Au *pas allongé*, il avance plus vite, mais sans hâte excessive, tête et encolure tendues sous l'action des rênes, les postérieurs marquant le pas au-delà des traces des antérieurs. Le *pas libre* s'exécute au contraire avec les rênes lâches, la tête et l'encolure étant complètement libres, ce qui permet au poney de se reposer. Au *pas rassemblé*, le poney à l'encolure dressée et la tête presque verticale, l'arrière-train se ramène sous le corps et l'allure — plus lente que celle du pas ordinaire — est pleine d'impulsion et de style. Au *trot ordinaire* et au *trot allongé*, le cavalier se soulève en général au-dessus de sa selle ; au *trot rassemblé*, il doit au contraire s'asseoir pour aider sa monture à maintenir une allure mesurée et énergique. Au *canter* (ou galop modéré), on adjoint au dressage de nombreux mouvements : on peut demander au poney de changer de direction à plusieurs reprises ou, comme nous l'avons déjà vu, de changer de jambe directrice. Tous ces exercices doivent naturellement être exécutés en douceur, en souplesse et sans effort conscient de la part de l'animal. Après avoir ramené celui-ci à l'arrêt, on peut lui demander de *reculer*, c'est-à-dire qu'il doit faire, sous l'action des rênes, un certain nombre de pas en arrière sans se retourner ni deboîter à droite ou à gauche ; ce faisant, il est normal qu'il morde son mors, mais non qu'il agite la queue ou grince des dents (en pareil cas, lors d'un « Three-day Event », le poney serait pénalisé).

Quels que soient le concours, l'exposition ou l'épreuve auxquels participe votre poney — et auxquels vous participez vous-même — il faut s'y préparer avec beaucoup de sérieux, mais s'y rendre avec bonne humeur et dans un esprit sportif. Tout le monde ne peut pas l'emporter du premier coup ; si vous rentrez chez vous sans médaille, vous pourrez toujours espérer faire mieux la prochaine fois. L'objectif n'est pas tant de vaincre que de faire de votre mieux et de tirer le meilleur de votre petit animal.

Après l'épreuve, retirez le harnachement et pansez à nouveau votre poney avant de lui remettre sa couverture et de le faire remonter dans la remorque. Et à la fin du voyage, donnez-lui un seau d'eau tiédie et un sac de grain ou une bouillie de son. Vérifiez bien que ses jambes et ses pieds ne sont pas enflés, avant de le laisser jouir d'un repos bien mérité.

Même si vous ne désirez pas participer à des compétitions, nous vous conseillons de vous inscrire à un club hippique. Ce genre d'institutions — dont il existe des sections dans toute localité de quelque importance — vous donnera d'utiles conseils pour le dressage et pour l'équitation ; le club vous renseignera également sur les concours locaux, nationaux ou internationaux, et il vous fournira des cartes et des itinéraires de promenades. Les clubs organisent aussi des rallyes, au cours desquels vous ferez la connaissance d'autres propriétaires de poneys, et ils accueillent du reste également les personnes qui ne possèdent pas elles-mêmes un poney et qui désirent simplement faire de l'équitation.

Ce bref coup d'œil sur le monde merveilleux des poneys nous a permis d'en voir quelques aspects : équitation, excursions, promenades attelées, exercices de saut, chasse... autant de sports passionnants qui vous familiariseront avec le plus charmant, peut-être, de tous les animaux.

Crédit photographique

Animal Graphics : 6, 13 bottom, 15, 16 top, 16 bottom, 17, 20, 21 top, 21 bottom, 32 top, 32 bottom, 33 top, 34, 35, 36, 44, 50, 51, 67 top, 67 bottom, 68, 69 top, 69 bottom, 71, 72, 73 top, 73 bottom, 74, 75, 76, 77, 78 top, 78 bottom, 79 top, 79 bottom, 80, 81, 82 top, 82 bottom, 83, 86, 87, 90, 91, 92 top, 92 bottom, 94, 95; *Ardea*: 7, I. R. Beames 37 top, Kevin Carlson 30, Jean-Paul Ferrero 70, Sue Gooders 26, P. Morris 29, C. K. Mylne 14; *Peter Baker*: 46 top; *Bruce Coleman Limited*: E. Breeze-Jones 31 bottom, Jane Burton 12, 18, Fritz Prenzet 37 bottom, Hans Reinhard endpapers; *Diederik D'Ailly, Toronto*: 22; *Equestrian (Press and General) Services Limited*: 84; *Paolo Koch*: 61 top, 61 bottom, 62 top; *Peter Roberts*: 11, 58, 89, 93; *Spectrum*: 42, 52, 53, 54, 64; *Tony Stone Associates*: 19, 23, 27, 59, 85; *Sally Anne Thompson*: 28, 31 top, 33 bottom, 38, 40–41, 48 bottom, 55 top, 55 bottom, 63, 66, 88; *John Topham Picture Library*: Topham/Windridge 56–57, Garard de Vecchio 24–25; *Nicholas Toyne*: 65; *Elisabeth Weiland*: 49 top, 49 bottom; *ZEFA*: D. Baglin 60, J. Bitsch 8–9, 10, K. E. Deckart 46, H. Helbing 39, Gerolf Kalt 45, 47, M. Linder 43, M. Pitner 62 bottom, Hans Reinhard 13 top, G. Rettinghaus title page.